AF242313

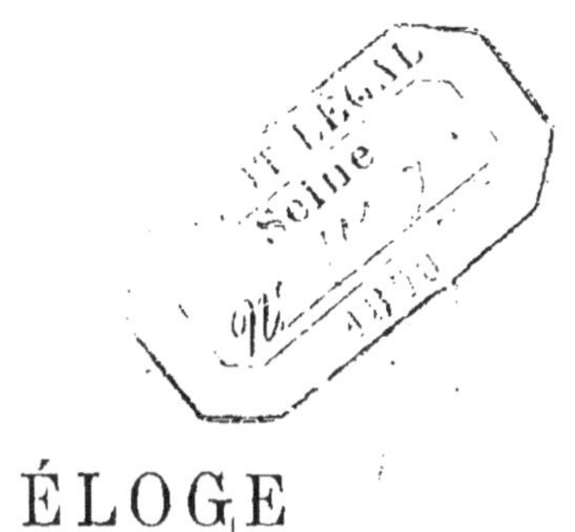

ÉLOGE

DE BERRYER

ÉLOGE

DE BERRYER

DISCOURS

PRONONCÉ A L'OUVERTURE DE LA CONFÉRENCE DES AVOCATS

LE 8 JANVIER 1870

PAR

JULES DEVELLE

Avocat à la Cour Impériale

IMPRIMÉ AUX FRAIS DE L'ORDRE

PARIS

IMPRIMERIE GÉNÉRALE DE CH. LAHURE

RUE DE FLEURUS, 9

1870

ÉLOGE

DE BERRYER.

Monsieur le Batonnier,
Messieurs et chers Confrères,

En venant louer devant vous l'orateur incomparable qui fut la gloire de la tribune et du barreau, je n'ai point à me défendre d'une admiration trop complaisante pour son caractère et pour son génie. Cette longue acclamation qui pendant soixante années a suivi ses triomphes, ce deuil national qui honora ses funérailles, ce concert universel d'hommages et de regrets qui dure encore, témoignent assez haut qu'aucune louange ne saurait être digne de celui que vous avez perdu. Aussi redouterais-je de rester bien au-dessous de la tâche que j'ai à remplir, si je n'avais ici d'autre but que de réveiller vos souvenirs par le simple récit de la vie de cet intrépide champion du droit, qui au milieu des vicissitudes et des bouleversements de ce siècle, conservant la sérénité de son âme et la liberté de sa pensée, demeura constant dans ses affections comme dans ses principes, n'eut de passion que pour le bien public, d'ambition que pour sa patrie, et dans nos discordes civiles défendit avec un si généreux courage la cause de la justice et de l'humanité.

Berryer (Pierre-Antoine) naquit à Paris le 4 janvier 1790, au moment où la Révolution régénérait la France et allait renouveler le monde. Son père, « venu de province à Paris pour exercer le métier d'avocat[1], » était un homme d'un sens droit, remarquable par la sagacité de son esprit et la générosité de son âme. Ces qualités lui avaient acquis dans l'ancien barreau une situation distinguée, et dès ses débuts devant la grand'-chambre du Parlement, Gerbier lui avait prédit un bel avenir. Il plaida en effet avec honneur pendant de longues années. Jurisconsulte et homme d'affaires, il montra un talent supérieur dans les questions commerciales et couronna toute une vie de labeur et de probité en défendant les accusés politiques, dans un temps où le ministère de l'avocat n'était pas sans péril et où l'appel à la justice était considéré comme une sédition. Il a laissé dans notre Ordre un nom justement respecté, mais la postérité se souviendra à peine de lui, elle réservera ses

1. Berryer père, *Souvenirs*.

hommages et son admiration pour l'illustre orateur qui le surpassa en le continuant. Berryer père aura dans l'histoire le sort des précurseurs : L'éclat de leur renommée pâlit et s'efface devant la gloire des génies qu'ils ont donnés au monde.

L'enfance de Berryer s'écoula à Juilly, chez les Pères de l'Oratoire auxquels le Consulat avait permis de rouvrir leur ancien collége. Ce fut, dit-on (il en convenait difficilement), un écolier turbulent et rebelle à toute discipline, mais il apportait une ardeur extrême au travail comme au jeu. Cette activité que sollicitaient les objets les plus divers, développant toutes ses facultés avec rapidité et énergie, il révéla de bonne heure ces qualités brillantes qui font présager de hautes destinées.

Il sortit du collége « au bruit du canon d'Iéna[1], » et partagea tout d'abord l'enthousiasme général pour l'Empire dans sa splendeur et pour Napoléon victorieux. Il eut même un instant un goût très-vif pour la carrière des armes et faillit s'enrôler dans un régiment de volontaires. Ce n'est point sans effort que l'on fit abandonner ce projet à un jeune homme impétueux et bouillant, d'une sensibilité excessive, d'une imagination ardente, enflammé déjà de l'amour de la gloire. Poëte à vingt ans, il sentait l'inspiration soulever son âme et rêvait que la Muse le portait au sommet de la renommée ; plus modeste le lendemain, il voulait monter

---

1. Discours à l'Assemblée législative, 16 juillet 1851.

sur la scène, et devant la foule qu'il remplirait à son
gré de terreur et de pitié, interpréter les chefs-d'œuvre
de Corneille et de Racine ; puis bientôt, tourné vers les
autels, il aspirait à combattre du haut de la chaire chrétienne les erreurs et les vices de son temps.

Mais ce n'étaient là que des hésitations passagères, les
élans généreux d'un esprit qui cherchait sa voie. Ces incertitudes disparurent avec les impressions mobiles et
fugitives de l'adolescence, et l'exemple qu'il avait sous
les yeux apprit à Berryer les avantages d'une profession
indépendante et d'une vie active. Il abandonna l'étude
des belles-lettres à laquelle il eût désiré consacrer sa vie,
et suivant les conseils de son père, après avoir acquis
une connaissance approfondie du droit et de la procédure, il entra au barreau[1]. C'était un monde nouveau
pour lui. Les avocats de 1812 avaient conservé la simplicité sévère et les mœurs rigides qui distinguaient les
anciens avocats du Parlement ; ils avaient en même
temps hérité de leurs vertus et de leur courage. Sous
le règne de la force, ils s'obstinaient à demeurer les ser-
viteurs de la loi. La gloire ne pouvait excuser à leurs
yeux la violence et l'arbitraire, et les misérables pratiques du gouvernement impérial trouvaient en eux d'é-
nergiques adversaires Ils n'avaient point voté pour
l'Empire, parce qu'ils comprenaient les dangers du
pouvoir absolu, et prévoyant les désastres qu'une folle

---

1. Il prête serment le 26 décembre 1811.

ambition allait attirer sur la France, ils déploraient l'a-
veuglement universel.

Au milieu de ces hommes de loi, les convictions de
Berryer se formèrent et s'affermirent ; ces nobles sentiments qui animaient les vieux jurisconsultes, le respect du droit, la haine du despotisme, il les éprouva
bientôt avec une vivacité qu'augmentait encore l'ardeur
de son tempérament et de sa jeunesse. Ils lui inspirèrent
contre les excès dont il était témoin une indignation
dont l'éclat faillit plus d'une fois le compromettre. Il
aimait à raconter plus tard comment, par la hardiesse
de son langage, il encourut un jour la colère d'un fonc-
tionnaire tout-puissant. « C'était à l'époque de la conspiration du général Mallet. Il rencontra dans un salon le
chef de la police impériale, le fameux Desmarets, qui,
sorti de la prison de la Force où l'avaient jeté les con-
jurés, plaisantait alors sur cette étrange aventure. « Eh
bien, dit à celui-ci l'un des assistants. Qu'avez vous
pensé lorsque vous vous êtes vu à la Force ? — En ! répondit gaiement Desmarets, j'ai cru que c'était vrai. —
Comment ? — Oui, j'ai cru que Bernadotte avait fait as-
sassiner Napoléon. Quant au Sénat, il était bien capable
de prononcer la déchéance de la dynastie. » A ces mots,
Berryer s'élance vers lui : « Monsieur, s'écrie-t-il, j'es-
père que vous répéterez ce que vous venez de dire devant le Conseil de guerre ! » Et comme Desmarets pa-
raît étonné et inquiet : « Oui, monsieur, continue-t-il
avec énergie. Il y a de pauvres officiers qui n'ont com-

mis d'autre crime que de croire comme vous que ce qu'on leur disait était vrai. Si vous, dignitaire de la police, avez pu vous tromper, comment n'excuserait-on point leur erreur. Vous parlerez, monsieur, vous les arracherez à la mort par votre témoignage, il le faut, il le faut! » Desmarets cherchait en vain à se dérober à cette fougueuse apostrophe. Berryer se plaçait devant lui menaçant et dans un état d'agitation tel qu'il fallut l'enlever du salon. » Le grand orateur est là tout entier. Cette généreuse et véhémente passion qui put troubler même le chef de la police impériale, transportera plus tard les assemblées : elle est le foyer où s'allume la véritable éloquence !

Pendant les premières années de son stage, Berryer ne rencontra point l'occasion d'un succès décisif. Le barreau d'ailleurs l'attirait sans le retenir, et l'horizon qu'il ouvrait devant lui était trop étroit pour son ambition et ses espérances. L'étude des questions politiques était son occupation favorite ; cependant il fréquentait les audiences pour apprendre l'art de bien dire à l'école des vieux avocats. Mais la déclamation pompeuse et théâtrale qui fleurissait alors lui faisait éprouver moins d'admiration que d'étonnement et de surprise. Convaincu que les formes solennelles étouffent l'inspiration et embarrassent la parole, il ne partageait pas le mauvais goût du jour et avait déjà la juste conscience de son talent. Aussi attendait-il avec impatience qu'un hasard heureux favorisât son début, lorsqu'il fut chargé d'une grande affaire politique : le maire d'Anvers, poursuivi pour crime de péculat, avait été acquitté par le jury de Bruxelles. Napoléon irrité avait ordonné qu'il fût remis en jugement, et l'accusé ainsi que les jurés qui avaient proclamé son innocence, étaient traînés devant une cour spéciale, au mépris de toutes les lois, mais avec l'assentiment des grands corps de l'État empressés de servir les passions de leur maître. Berryer se préparait à flétrir cet odieux abus de pouvoir, par ses énergiques efforts pour sauver l'une de ces malheureuses victimes il allait parvenir à la célébrité, lorsque de graves événements s'accomplirent.

La fortune avait abandonné l'Empire et aux triomphes succédaient des revers que le génie était impuissant à conjurer. Napoléon n'avait plus un seul partisan en Europe, et il semblait même que les souverains ligués défendissent contre lui la cause de l'affranchissement des peuples. En France, l'organisation savante de son pouvoir, à peine ébranlée, s'était écroulée d'elle-même, et tandis que la nation épuisée par de longues guerres et étonnée de sa défaite s'obstinait encore à voir en l'auteur de ses maux le vengeur de ses injures, les partis commençaient à s'agiter. Mais les royalistes seuls montraient quelque activité. Leurs comités se rouvraient à Paris comme en province, et se recrutaient de tous les esprits distingués qui pensaient que le retour des Bourbons, en donnant des garanties à l'Europe victorieuse, éviterait à la France de plus douloureuses humiliations.

Berryer avait, dès la première heure, adopté cette solution avec enthousiasme, par haine d'un régime dont la gloire avait dissimulé au peuple ébloui l'avilissant despotisme. Lorsque les alliés pénètrent en France, il est de ceux qui songent à constituer aussitôt un gouvernement régulier qui, par des sacrifices et des concessions inévitables, arrêtera l'invasion étrangère. Tandis que la crainte, les intrigues ou les malentendus font perdre à ses amis un temps précieux, il se laisse emporter par la fougue de ses désirs, et proclame à Rennes, où il a accompagné son père, la déchéance de Napoléon et l'avénement au trône du frère de Louis XVI. Mais il a devancé la marche des événements, il est poursuivi, forcé de s'enfuir, et n'apprend qu'à Nantes, où il arrive à travers mille dangers, l'abdication de Fontainebleau.

Cette aventure montre combien les convictions de Berryer étaient déjà profondes et sincères. Aussi vit-il avec joie s'accomplir la révolution qui rendit à la France ses rois et sembla ramener avec eux la liberté si longtemps proscrite. Il voua dès lors à la vieille dynastie un attachement qui ne devait pas se démentir et pendant les Cent-Jours il s'enrôla même parmi les volontaires royaux ; mais cet attachement n'avait rien de servile et ne pouvait lui inspirer une coupable indulgence pour les excès qui allaient suivre le nouveau rétablissement de la monarchie.

Quel affligeant spectacle offrirent, en effet, au lendemain de Waterloo, les représailles du parti royaliste et combien furent rares les hommes qui imposèrent silence à leurs ressentiments et à leurs rancunes! Tous couraient à la vengeance avec frénésie, et les plus sages eux-mêmes croyant prévenir le retour de nouvelles catastrophes, s'associaient aux cruautés de la réaction triomphante. A cette époque de pénible mémoire, alors que les passions déchaînées grondaient autour de lui, la sagesse de Berryer fut égale à son courage! Au milieu de la joie brutale des uns et des cris de colère des autres, il demeura fidèle aux sentiments de modération et de justice, et se séparant de ses amis dont les inutiles violences devaient apporter d'insurmontables obstacles à la réconciliation de la royauté et du pays, il prit parti pour les victimes.

Lorsque le maréchal Ney comparut devant la cour des Pairs, il vint s'asseoir au banc de la défense à côté de son père et de Dupin l'aîné. Malheureusement, il n'eut dans ce procès qu'un rôle secondaire, prépara des mémoires et ne plaida point. On aimerait à penser que sa parole déjà puissante eût mieux servi le héros de tant de combats que les expédients subtils par lesquels on retarda de quelques heures une trop rigoureuse condamnation, et que peut-être il eût, à force d'éloquence et d'audace, attendri ou entraîné les pairs de 1815 et arraché de leurs mains la sentence d'absolution. Ce ne serait qu'une illusion, car l'histoire de ces temps troublés nous apprend que les efforts embarrassés de Berryer père et de Dupin soulevèrent eux-mêmes de fougueuses protestations. Tel était l'égarement universel que de toutes parts aux menaces des courtisans et des émigrés se joignirent les invectives d'hommes habituellement modérés, et même de membres du barreau parmi lesquels on ne compte point sans étonnement et sans regret M. de Martignac.

Ces menaces et ces outrages n'arrêtent point Berryer.

Son courage croît avec le péril et il n'hésite point à protéger de sa voix les généraux de l'Empire contre lesquels s'acharnent de si redoutables colères. Il ne réussit point à sauver le général Debelle devant les juges, mais il va se jeter aux pieds du prince contre lequel son client a pris les armes et obtient son pardon. L'accueil bienveillant qu'il a reçu à la cour l'enhardit encore lorsqu'il prend la parole en faveur de Cambronne. Devant le conseil de guerre étonné, il exalte la fermeté d'âme de ce loyal soldat qui dans un temps de perfidies et de trahisons n'a point abandonné son souverain ; il le montre suivant Napoléon à l'île d'Elbe et partageant son exil avant de partager les hasards de sa téméraire entreprise. Rappelant ses glorieux faits d'armes et son intrépidité, il évoque, dans un saisissant tableau, les grands drames des grandes guerres de l'Empire. Sa parole enthousiaste ramène Cambronne sur tous ces champs de bataille qui furent témoins de sa valeur, à Wagram et à Hanau où il assure la victoire, à Waterloo où il tombe en héros. Comme transporté par tant de courage,

« on ne ramasse pas les blessés sur le champ de bataille pour les porter à l'échafaud, » s'écrie-t-il avec une terrible indignation ; puis adjurant les juges de ne pas obéir à la voix du ressentiment : « Craignez, leur dit-il, craignez l'emportement de votre haine, et pour n'avoir rien à redouter au jour où les jugements de la terre seront jugés d'en haut, demandez-vous si l'acte qui vous est déféré peut être jugé criminel par la conscience d'un homme sage. » Tantôt il supplie et tantôt il menace. Ses accents pathétiques ébranlent les âmes et triomphent de passions qui semblaient invincibles.

Cette magnifique apologie d'un vieux soldat de l'Empire et l'acquittement qui la couronna irritèrent vivement le parti royaliste. Le procureur général Bellart, qui montra dans ces temps comment un grand esprit peut se laisser dominer par ses passions, traduisit Berryer devant la Chambre de discipline. Celle-ci prit une résolution *timide*, mais cependant le renvoya de la plainte. « Le défenseur du général Cambronne, dit-elle, a donné dans des circonstances difficiles tant de preuves qu'il est animé des meilleurs et des plus nobles sentiments que la Chambre demeure convaincue que la doctrine qu'on lui reproche n'est pas la sienne et qu'il la désavouerait. »

De ce moment date la fortune de Berryer. Cet éclatant début le place à la tête du Barreau ; avant l'âge de trente ans, il siége au conseil de l'ordre, entouré déjà de la faveur et de l'admiration publiques. Mais cette for-

tune rapide n'était point prématurée. La nature l'avait
si richement doué, que sans traverser les obscures pré-
parations et le pénible labeur dans lesquels l'esprit se
développe et parfois aussi se rétrécit et se décourage, il
s'était élevé comme d'un coup d'aile à la hauteur des
plus grands maîtres. Je ne puis, hélas! que rappeler
l'enthousiasme qu'excitaient alors ses discours. Tout a
péri, et Berryer lui-même a dédaigné de recueillir ces
premiers chefs-d'œuvre qui eussent suffi à l'illustrer.
Telle est l'orgueilleuse insouciance ou le secret calcul
des orateurs! Ils ont épuisé toutes les jouissances humaines lorsqu'ils ont courbé sous leur parole un auditoire vaincu. Ils lui ont imposé leurs sympathies et leurs
colères, tous leurs sentiments et toutes leurs passions,
mais ils comprennent que l'heure présente marque la
durée de leur empire, et ne pouvant laisser après eux
qu'une partie d'eux-mêmes, ils se dérobent tout entiers.
La postérité est ainsi désarmée et forcée d'accepter un
jugement qu'elle ne saurait contredire, elle respecte des
renommées qui reposent inébranlables sur la tradition
des souvenirs. Comme s'il eût redouté de sa part un
arrêt trop sévère, Berryer n'a pas voulu comparaître
devant elle, et ses plaidoyers ne nous sont connus que
par de rares fragments, restes pâles et décolorés de
beautés qui méritaient peut-être d'être immortelles. Il
avait déjà dans les procès fameux du banquier Ouvrard [1]

1. Procès Séguin et Ouvrard — Ouvrard et Moléon — 1822 et 1825.

ou de la succession Verac montré toute sa puissance oratoire. Jamais son éloquence ne s'éleva plus haut. L'âge qui ne devait que fort tard l'affaiblir n'y ajouta rien. Cet organe enchanteur, cette diction incomparable, cette simple et mâle grandeur d'une parole qui fuyait les vains ornements pour laisser à la pensée toute son énergie et toute sa force, jetaient ses auditeurs dans de tels ravissements, que les émotions qu'ils éprouvèrent alors semblent à peine endormies, et que le souvenir qui les réveille leur rend encore aujourd'hui leur vivacité primitive.

Cependant les grandes causes suffisaient à Berryer ; il plaidait rarement. Ses convictions politiques, sans l'éloigner du barreau qui lui était cher, le poussaient dans une autre voie. Les institutions nouvelles avaient ramené les luttes brillantes de la tribune et de la presse, et il ne pouvait assister avec indifférence aux graves discussions qui s'agitaient avec tant d'éclat. Dès 1818, il collaborait au *Conservateur* en compagnie de trois hommes dont il partageait les opinions, mais non le fanatisme souvent extravagant, MM. de Bonald, Chateaubriand et Lamennais. Laissant à ces vastes esprits la recherche des abstractions politiques et des systèmes sociaux, il s'occupait de préparer l'avenir en combattant les abus du jour, et ses critiques véhémentes des actes des ministres n'étaient pas déplacées auprès des pages brûlantes de Lamennais ou des chroniques si fines et si ingénieuses de M. Fievée. Il s'était ainsi rapproché des royalistes auxquels il avait pardonné les persécutions et les excès de 1815. Ceux-ci, d'ailleurs, abandonnant la violence et les intrigues de cour pour les loyaux combats de la parole et de la presse, avaient, par cette conduite nouvelle, révélé un courage et un esprit politique qu'on ne leur soupçonnait point et s'étaient concilié les sympathies de tous ceux qui alliaient dans leur cœur le respect de la Charte à l'amour du Roi. Le jeune défenseur de Cambronne avait été accueilli avec empressement par les membres influents de la droite et par la société d'élite dont ils étaient les représentants. Un vif désir de plaire, « cette faiblesse naturelle aux Français [1], » l'attirait lui-même dans ces salons brillants où s'étaient conservés la distinction élégante et polie du dix-septième siècle et le culte aimable du passé. Il en goûtait le charme, en subissait peut-être l'influence, et ne dédaignait point les succès que, par une conversation pleine de grâce, de finesse et d'abandon, il obtenait sans effort. Aussi était-il bien vite devenu l'idole de ce parti dont il devait être l'orgueil, et son esprit à la fois délicat et élevé avait séduit les hommes politiques comme le monde plus frivole des salons. Il était l'ami de M. de Vitrolles, le confident de M. de Villèle [2], le conseil du vieux Michaud, et en attendant qu'il pût être à la tribune l'interprète de leur commune pensée, il sai-

---

1. Discours de réception de M. Berryer à l'Académie française.

2. Berryer vers 1824 était en rapports constants avec M. de Villèle et lui signalait les dangers de sa politique.

sissait toutes les occasions de leur prêter un concours
actif à la barre des tribunaux. C'est dans l'enceinte du
prétoire qu'il prononçait ses premiers discours politiques, tantôt exposant et justifiant les doctrines du
Drapeau blanc[1], tantôt flétrissant en termes énergiques
les obscures intrigues de ces ministres « qui s'en allaient
la bourse à la main solliciter et ébranler les consciences
et savaient acheter les opinions sans les savoir défendre[2]. » Les procès de presse lui permettaient ainsi de
traiter les plus hautes questions, et il n'hésitait jamais
au nom de la liberté compromise à combattre les ri-
gueurs maladroites du pouvoir.

Mais, en même temps, il se mêlait au mouvement religieux que l'*Essai sur l'Indifférence* avait provoqué et
qu'entretenait une vive polémique. Une admiration profonde l'avait entraîné vers le grand écrivain qui soulevait alors le monde catholique, et la plus étroite intimité
n'avait pas tardé à s'établir entre eux. Lamennais aimait
Berryer avec tendresse, et lorsque la passion impérieuse

1. 4 juillet 1823. — Il reste de ce plaidoyer cette phrase célèbre :
« Un fils de France est allé venger l'autorité royale, digne descendant
de Louis XIV, il a vu à son tour les Pyrénées s'abaisser devant lui.
Cent mille Français envoyés sur ses pas ont repoussé la révolte des
champs de l'Aragon jusqu'aux rivages de Cadix, et nous voyons achever
en moins de trois mois cette pieuse entreprise, par laquelle le Prince qui
nous gouverne, rendant à la religion de nos pères et au pouvoir que
Dieu confie aux rois leur majesté sacrée et leur influence sur les peuples, va replacer l'ordre social sur ses vrais et solides fondements et venger la sagesse et l'expérience de nos aïeux des outrages que leur porta
le délire de notre siècle. »

2. Plaidoyer pour la *Quotidienne*, 25 juin 1824.

ou désordonnée du vrai l'eut emporté dans la voie où il recueillit et laissa tant d'amertume, l'abîme qui le sépara de ses anciennes convictions et de ses anciennes croyances, ne le sépara point de celui auquel l'avait uni une si touchante affection. A Paris où il le voyait chaque jour, de la Chenaie d'où il lui écrivait souvent, le réformateur impatient encourageait et dirigeait son disciple : « Combattons, lui disait-il éloquemment, combattons quel que soit le succès ; si notre drapeau ne flotte pas au sommet de la société régénérée, il flottera sur les débris du monde[1]. » Puis, lorsque la maladie, sans la pouvoir éteindre comprimait son ardeur, c'est dans le sein de son ami qu'il épanchait son âme affaiblie : « Jouissez de la campagne, mon cher ami, pendant les beaux jours qui nous restent, et en vous promenant sous vos ombrages, songez qu'on pense à vous et qu'on vous aime sous d'autres ombrages lointains. Hélas! comment ne vous aimerait-on pas! Vous êtes si bon, cher ami. Mon pauvre cœur se repose dans le vôtre, et là il sent que tout n'est pas tristesse et douleur sur la terre. Aimez-moi, aussi, cher, et dites-le-moi ; cette douce parole va bien avant ; elle ranime mon âme qui plie quelquefois sous le poids de tout ce qui la presse[2]. » Aussi lorsque Lamennais fut traduit devant la police correctionnelle pour sa brochure sur les *Rapports de la Religion avec l'état civil et politique*, l'amitié et l'admiration inspirèrent à

---

1. 22 décembre 1825, *Correspondance de Lamennais*, édition Forgues.
2. *Corresp.*, 18 septembre 1825.

Berryer une plaidoirie que l'on regarde à juste titre comme son chef-d'œuvre.

Avec quelle autorité, déclinant la compétence des juges, il affirma les droits de la conscience et revendique l'indépendance de la pensée : « Une discussion théologique, une controverse sur des points de doctrine et de discipline religieuse vont être agitées dans l'enceinte de la police correctionnelle ! Un prêtre de l'Église catholique est amené à cette barre ! Un écrivain que l'Europe littéraire honore de ses suffrages, dont la religion bénit les travaux est poursuivi et confondu avec les libellistes et les pamphlétaires ! Est-ce donc que de nos jours on veut mettre en oubli et la majesté de la loi chrétienne et la vénération due à un ministère sacré et jusqu'au respect qu'inspira toujours la dignité du talent[1] ? » Poursuivant à travers l'histoire, au milieu des déclarations des papes et des conciles, des écrits des docteurs de Sorbonne et des évêques, la démonstration de la thèse soutenue par la brochure incriminée : « il découvrit aux regards étonnés les problèmes que présentaient les rapports de l'ordre religieux et de l'ordre politique dans l'État libre de la France » et avec une grande énergie fit ressortir les dangers de l'intervention du gouvernement dans les questions religieuses : « Si, au milieu d'un grand nombre de cultes également tolérés, dit-il, l'autorité civile essaye de faire peser sur les

---

1. 21 avril 1826, *Mémorial catholique.*

peuples l'insupportable joug de croyances imposées par
une volonté humaine, bientôt toute la religion ne sera
plus que l'œuvre du pouvoir politique; ce pouvoir dé-
terminant les dogmes et fixant la discipline, voudra commander à la conscience qui ne doit obéir qu'à Dieu. Dès
lors, on est conduit à une religion politique et par là
même souverainement intolérante, parce que cette religion devient une loi dont la violation doit être punie
comme celle des autres lois. C'est marcher à l'établissement d'une Église nationale, à l'exemple de l'Angleterre,
selon la doctrine du contrat social. »

Je ne sais ce qu'il faut admirer le plus dans ce plaidoyer de la beauté de la forme oratoire ou de la science
merveilleuse qui s'y déploie. Cet examen approfondi des
rapports de l'Église et de l'État, cette savante étude des
questions purement théologiques nous révèlent quelles
étaient alors les préoccupations de Berryer. Au contact
de Lamennais, la foi s'était réveillée plus ardente en son
âme, et il regrettait de n'avoir point suivi la vocation de
sa jeunesse. Les temps semblaient préparés pour l'apo-
stolat : l'incrédulité avait fait place au doute et le spiri-
tualisme renaissant s'efforçait en vain de s'éloigner du
christianisme. Quel rôle sublime pour l'orateur sacré
qui, par la puissance et la majesté de son éloquence, eût
ramené les esprits irrésolus, raffermi les consciences
troublées, guidé la société régénérée et soumise ! Berryer se persuadait que la Providence, en le comblant de
ses dons, l'avait destiné à cette haute mission et se repro-

chant de n'avoir pas obéi à sa voix, il défendait du moins
de sa plume la religion que sa parole ne pouvait servir[1].
Cette pensée qui le tourmentait à cette époque le troubla souvent au milieu même de ses plus grands triomphes et elle entretint son zèle pour les intérêts catholi-
ques auxquels à la tribune et à la barre il prêta toujours
son appui.

Peut-être ses croyances religieuses affermirent-elles
encore ses convictions politiques. Il se fit au même moment l'apôtre de la monarchie et voulut selon le mot
de M. Decazes « royaliser » la jeunesse. Il ouvrit à la
Société des Bonnes études un cours de droit constitu-
tionnel, dans lequel il s'efforça de démontrer « qu'il n'y
avait de sécurité pour la France que dans la reconnaissance d'un principe qui fût à la fois la sanction de la
liberté et la source du pouvoir. » Le succès de ces leçons
fut immense, mais leur principal effet fut de mettre
mieux en lumière l'intelligence politique du professeur.
Sans doute elle s'était révélée dans de nombreux écrits
et d'éloquents discours et les hommes d'État de la Restauration avaient entrevu le brillant avenir réservé à ce
jeune avocat dont ils ne dédaignaient pas les conseils.
Malheureusement une loi rigoureuse lui fermait encore
les portes de la Chambre qui ne devaient s'ouvrir devant
lui qu'à l'heure même où le trône allait disparaître.

---

1. Berryer publia dans la *Quotidienne* dont il était actionnaire un certain nombre d'articles sur les questions religieuses.

Berryer n'entra, en effet, dans la vie publique qu'en 1830. La situation était grave : De misérables coteries se partageaient le pouvoir qu'elles avaient enlevé aux ministres et disputaient même au prince. M. de Villèle, en subissant leur joug, s'était, par de honteuses concessions, préparé une défaite éclatante aux élections de 1827 ; M. de Martignac, impuissant contre elles, n'avait pas réussi, par une politique de conciliation, à calmer les légitimes impatiences du parti libéral, et, en tombant du ministère, il avait laissé le champ libre à M. de Polignac pour organiser la résistance de la cour contre les forces de la nation coalisées. C'est à ce moment où la dynastie avait besoin de défenseurs dévoués que Charles X nomma Berryer, qui venait d'atteindre l'âge de l'éligibilité, président du collége électoral de la Haute-Loire, en lui exprimant publiquement l'estime profonde qu'il avait de ses talents et de sa personne[1]. Berryer ne crut pouvoir mieux répondre à la confiance du monarque qu'en affirmant solennellement son indépendance et s'inspirant des belles paroles de Talon à Louis XIV. « Le roi, dit-il à ses électeurs, ne se croit honoré que par des hommages indépendants et sait que la grandeur de sa couronne se mesure par la dignité de ceux qui lui obéissent. » Quelle influence celui qui mettait tant de noblesse dans le respect eût pu avoir sur les destinées de la monarchie, si

____

1. 15 janvier 1830. C'est la seule fois que Berryer vit le roi Charles X.

des fautes accumulées et un aveuglement obstiné n'eussent précipité une catastrophe devenue inévitable ! La Chambre des députés, à peine réunie, avait, par son énergique attitude relevé le « défi agressif » du ministère Polignac et dans un projet d'adresse opposé aux caprices du pouvoir les volontés de la nation. Cet avertissement, qui n'était pas encore une menace, loin d'éclairer le roi l'avait irrité et le parti de la cour, en flattant son mécontentement, avait cru rencontrer le moyen de s'assurer un plus complet empire. Les plus sages d'entre les royalistes attendaient avec anxiété l'issue d'un conflit si redoutable, et tout en s'associant peut être de cœur aux desseins de la Chambre, ils craignaient que le prince, selon les paroles de Royer-Collard, « poussé trop fortement ne se portât à quelques folies. » Berryer eut le douloureux pressentiment des périls que courait la monarchie ; il tenta d'arrêter un courant qui allait aux abîmes et se leva pour combattre l'adresse des 221.

En commençant son discours, il éprouva une vive émotion, et se troubla même un instant[1], mais il reprit bientôt toute son assurance et jeta à la majorité ces fières paroles : « Qu'importe quand les droits du roi sont blessés, quand la couronne est outragée, que votre adresse soit remplie de protestations d'amour et de dévouement ? Qu'importe que vous disiez : « Les préroga-« tives du roi sont sacrées, » si, en même temps, vous

____

1. *National.*

prétendez le contraindre dans l'usage qu'il en doit faire. Ce triste contraste n'a d'autre effet que de reporter la pensée vers des temps de funeste mémoire. Il rappelle par quel chemin un roi malheureux fut conduit, au milieu des serments et des protestations d'amour, à échanger contre la palme du martyre le sceptre qu'il laissa choir de ses mains. Je ne m'étonne pas que dans leur pénible travail, les rédacteurs aient dit qu'ils se sentaient condamnés à tenir au roi un pareil langage. Et moi aussi, plus occupé du soin de l'avenir que du ressentiment du passé, je sens que si j'adhérais à une telle adresse, mon vote pèserait à jamais sur ma conscience comme une désolante condamnation. »

Berryer écouté d'abord avec étonnement et impatience, descendit de la tribune au milieu d'un long frémissement d'admiration : « Quel beau talent, » s'écriait **M.** Guizot au sortir de la séance. «Ce n'est pas un talent, c'est une puissance, » reprit Royer Collard. Le prince de Polignac, frappé du merveilleux début de ce grand orateur politique, s'empressa de lui offrir le titre de sous-secrétaire d'État. « A l'heure qu'il est, répondit Berryer, il est au-dessus de mes prétentions; dans la session prochaine, il sera peut-être au-dessous de mes services. »

On sait ce qui suivit : Le lendemain de ce discours, l'adresse des 221 était présentée au roi qui la recevait presque avec colère, la session était prorogée, bientôt après la Chambre elle-même dissoute. Berryer partit en province pour préparer son élection et pour échap

per aux sollicitations pressantes que lui adressait le pouvoir[1]. Il ne rentra à Paris que le 4 août. Dans l'in-
tervalle, les fatales ordonnances avaient soulevé le flot
de la Révolution qui avait emporté la dynastie.

Berryer avait souvent redouté ce dénoûment. « Les
Bourbons auront le sort des Stuarts, » lui avait écrit Lamennais dès 1827, et cette parole prophétique lui reve-
nait sans cesse en mémoire et troublait son esprit. Peut-
être cependant eût-il réussi à cette époque à conjurer
l'orage. Sympathique à la faction turbulente des bona-
partistes, également estimé des libéraux et des ultras,
seul, peut-être, il fût parvenu avec le concours des divers partis à organiser un véritable gouvernement con-
stitutionnel. Mais ne semblerait-il pas que la vieille
dynastie était condamnée à sa perte par un inexorable
destin ? Deux fois dans un demi-siècle, à l'heure décisive où de menaçants présages annonçaient sa fin prochaine, c'est en vain qu'elle eut pour défenseurs et pour
soutiens les deux plus grands orateurs qu'ait vus naître
notre pays : Mirabeau emporta dans sa tombe prématu-
rément ouverte la fortune de Louis XVI, et Berryer
vint trop tard pour sauver Charles X !

La monarchie ne disparut que pour reparaître sous
une autre forme. Les hommes supérieurs qui avaient

1. M. de Polignac voulait lui faire accepter le portefeuille de l'in-
struction publique.

dirigé le mouvement de Juillet, disposant eux-mêmes du sort de la France, élevèrent de leurs mains une royauté nouvelle. Mais, en négligeant de consulter la nation, ils laissèrent aux royalistes le droit de se prétendre victimes « d'un complot ambitieux, » et Berryer rentra à la Chambre pour protester contre ce qu'il appelait « une scandaleuse usurpation. » La Révolution qui venait de s'accomplir n'avait point brisé sa carrière politique, car le principe de la souveraineté populaire, devenu la loi fondamentale de l'État, permettait à tout citoyen d'exprimer ses opinions et ses vœux et de tenter de les faire adopter par la majorité du pays. Il lui fallut toutefois prêter le serment imposé par la Charte, et ce n'est point sans répugnance qu'il se soumit à cette insidieuse formalité, mais il pensa : « qu'indépendament de ses devoirs envers le roi légitime, il avait de légitimes devoirs à remplir envers ses concitoyens, et qu'en protestant pour le droit qu'aucune force sur terre ne peut détruire, il devait se soumettre aux conditions prescrites pour s'acquitter de ses charges et ne point abandonner aux hommes d'une opinion contraire les intérêts de ceux qui partageaient les mêmes sentiments [1]. » Certes, il y avait, à se poser ainsi en champion d'une cause vaincue, de quoi tenter un grand courage ! Mais revendiquer en face de la Révolution victorieuse les droits d'une dynastie qui, dépaysée par l'exil, avait mal compris les

---

1. Plaidoyer pour M. de Kergolay devant la Cour des pairs.

nécessités des temps nouveaux, et qui après de louables progrès, ramenée en arrière par d'inhabiles et imprudents conseillers, avait « péri par la violation audacieuse des lois, » c'était là une tâche ingrate et difficile. Berryer peut-être était le seul qui pût l'entreprendre, car il n'avait rien à renier de son passé : Il n'avait jamais partagé les folles illusions de son parti, ni pris part à ses intrigues ou à ses excès.

Il appartenait, en effet, à cette école qui a eu d'illustres représentants, et qui rêvant l'alliance de la monarchie et de la liberté, acceptait loyalement les conséquences de la Révolution de 1789. La Charte de 1814 n'avait point été a ses yeux une vaine concession, mais une transaction nécessaire entre l'ancien régime et la société moderne. Les événements dont il avait été le contemporain avaient exercé sur son esprit une influence décisive, et, lorsqu'il avait vu la France, après le pénible enfantement d'une république, victime tour à tour des violences d'une faction et des emportements d'un despote, il s'était persuadé qu'en se séparant de ses rois, elle avait perdu ses guides nécessaires et errait à l'aventure à la recherche d'un avenir inconnu et plein de dangers. Cependant sa foi royaliste n'était pas seulement le produit de la réflexion et de l'expérience. Il avait une âme d'artiste et de poëte et un penchant naturel à s'émouvoir pour tout ce qui est grand, pour tout ce qui est beau. L'antique royauté lui semblait entourée d'un incomparable prestige. C'était elle, ainsi qu'il aimait à le répéter, qui pendant dix siècles avait rendu sa patrie glorieuse et prospère, et l'avait élevée au premier rang des nations : « Saint Louis, Henri IV, Louis XIV, quels grands noms ! et jamais, dans l'histoire du monde, les souverains et les princes avaient-ils porté sur le trône plus de vertu, de sagesse, de grandeur[1] ? » Aussi s'était-il étonné que la France eût répudié l'héritage de si brillantes traditions, et s'imaginant que la majesté royale pouvait seule réhabiliter le pouvoir avili et dégradé par le despotisme, il s'était laissé séduire par l'éclat du trône où prenait place le rejeton de tant de rois, ceint de leur diadème et armé de leur épée.

Mais son admiration pour le passé ne lui inspirait pas de stériles regrets ni d'aveugles rancunes. Son large esprit était ouvert à toutes les idées, généreuses de son temps. Il aimait avec passion la liberté qu'il considérait comme un droit inviolable et comme le ressort nécessaire des peuples. La fortune, en ne l'associant activement à la cause de la légitimité qu'au lendemain de sa défaite lui évita sans doute la douloureuse surprise de ne pouvoir concilier ses principes libéraux et monarchiques ; en lui fermant l'accès du pouvoir, elle lui permit de les accorder dans une harmonieuse unité. Au lendemain de 1830, il sembla, il est vrai, manifester quelques tendances réactionnaires : un jour, il essaya de justifier le

---

1. Plaidoyer pour Chateaubriand.

privilége et appela l'abolition de l'hérédité de la pairie
« le châtiment de l'immolation de la nuit du 4 août[1]. »
Ces exagérations ou ces égarements seraient inexcusa-
bles, si le noble dévouement qui les inspira ne les justi-
fiait à nos yeux. Au milieu de l'atmosphère orageuse qui
suivait la Révolution, l'effervescence des esprits ne s'é-
tait point calmée. Les ennemis des Bourbons faisaient
avec violence éclater leurs haines silencieusement nour-
ries. Obligé de faire face à toutes les attaques, Berryer
se servait de toutes les armes pour protéger et venger ses
amis. Quelle lutte magnifique que celle de cet orateur
sans cesse sur la brèche et seul contre tous, tantôt reprochant aux vainqueurs leur révolte et leur triomphe,
tantôt les accusant d'exciter les passions populaires sans
les savoir apaiser, rappelant la paix féconde de la Restauration lorsque l'émeute gronde dans la rue, repous-
sant les lois de proscription et les mesures oppressives
au nom de l'éternelle justice et défendant son roi avec
la fierté d'un gentilhomme et l'élan d'un tribun. Sa
parole soulève alors des tempêtes au milieu desquelles
il se joue avec une superbe témérité. Au-dessus des cla-
meurs et des murmures impuissants à la couvrir, sa voix
tonne frémissante, il commande le silence et accable ses
interrupteurs sous le poids de ses foudroyantes apostro-
phes : « Silence, silence, messieurs, s'écrie-t-il, » si l'assemblée ne veut point l'entendre lorsqu'il réclame le

---

1. *Moniteur* du 5 octobre 1831.

maintien de l'anniversaire du 21 janvier, « au jour du jugement il fut permis de parler des vertus de Louis XVI et je ne vois pas que la Convention ait interrompu les défenseurs du roi[1]. » Parfois, il jette à la Révolution d'audacieux défis, mais c'est au pouvoir qu'il porte les coups les plus terribles. « Il y a quelque chose de puéril, dit-il avec mépris à la Chambre qui bannit les Bourbons, il y a quelque chose de puéril dans cette pensée de l'homme qui prétend enchaîner l'avenir à ses lois ! Mais qui sanctionnera une pareille proposition ? Le cousin de Charles X, l'oncle de la duchesse de Berry et du duc de Bordeaux ! Allez, allez, les lois de condamnation et de proscription ont toujours été de mauvaises garanties[2]. » Et cependant des désordres éclatent chaque jour. Le peuple soulevé veut, par de sanglantes représailles, compléter, en la déshonorant, la victoire de juillet. En se rendant au Palais-Bourbon, Berryer peut entendre ses cris de colère et de vengeance : Qu'importe ! Inaccessible à la crainte, insensible aux menaces, il poursuit son œuvre avec tant d'intrépidité et d'audace que M. de Polignac à la veille de comparaître devant la cour des Pairs, redoutant les périls d'une défense trop hardie, n'osa point accepter l'appui qu'il lui avait noblement offert.

C'est alors que le vieux roi en exil remit sa fortune entre les mains de Berryer qui devint le véritable chef

1. Discours, 23 décembre 1831.
2. *Moniteur* du 16 novembre 1831.

du parti légitimiste. Mais, comme l'a dit avec autant de finesse que de vérité le cardinal de Retz : « On ne sait pas ce que c'est qu'un parti, si l'on s'imagine que celui qui en est le chef en est le maître. » L'histoire jugera sévèrement la conduite des royalistes qni fomentèrent les insurrections qui ont ensanglanté les premières années de la monarchie de 1830 : ce sera l'éternel honneur de Berryer de les avoir détournés des moyens violents, des appels à la force, et, à plusieurs reprises, de les avoir empêchés de se servir d'armes de guerre en dépôt à Paris. Soutenu par Chateaubriand, Hyde de Neuville, Fitz-James, il ranimait tous les courages, tour à tour excitant et modérant son parti, mais l'exhortant toujours à ne point sortir des voies légales. Cette tâche l'absorbait tout entier ; il avait dû s'éloigner de la Barre[1], et ne s'y était présenté qu'une seule fois pour défendre un journal légitimiste ; il n'y reparut que le 16 octobre 1832, mais cette fois comme accusé.

Instruite des embarras et des incertitudes du pouvoir, la duchesse de Berry s'était persuadée que le moment était venu de ressaisir le sceptre que Charles X avait laissé tomber de ses mains. Écoutant plutôt les conseils qui flattaient son ambition maternelle que ceux que dictaient la prudence et la raison, elle avait réussi à gagner la Vendée, et se préparait avec « autant d'héroïsme que

---

1. Berryer cessa même de faire partie du Conseil de l'ordre de 1830 à 1833.

de folie » à diriger la guerre civile. Averti de ce fatal projet, Berryer résolut d'en empêcher à tout prix l'exécution ; il quitta Paris sous prétexte d'aller plaider à Nantes, et parvint à avoir une entrevue avec la princesse dans la petite métairie de Mesliers. Là, il s'efforça de la convaincre qu'une prise d'armes dont l'issue serait malheureuse compromettrait ou perdrait à jamais la cause de la légitimité et la supplia de sortir de France. Après une résistance opiniâtre, la princesse ébranlée parut céder ; mais le lendemain, craignant que sa fuite ne fût considérée comme une nouvelle et définitive abdication, et songeant moins aux maux qu'elle allait attirer sur son pays qu'à la couronne de son fils, elle se décida pour l'action.

Au moment où éclata l'insurrection, Berryer se rendait aux eaux d'Aix. Son voyage en Bretagne, son départ précipité pour le Midi autorisaient tous les soupçons. Il fut arrêté à Angoulême et de là conduit à Nantes par une escorte de gendarmerie qui le protégeait avec peine contre les fureurs des populations exaspérées. Il dut d'abord être traduit devant le conseil de guerre, mais l'incompétence de ce tribunal d'exception ayant été prononcée par la cour suprême, il fut renvoyé devant le jury.

Pendant sa longue et douloureuse captivité de chaleureux témoignages de sympathie lui furent adressés de tous les points de la France. Le conseil de notre ordre prit une délibération touchante qu'une députation fut chargée de lui remettre dans sa prison ; des avocats de tous les barreaux sollicitèrent l'honneur de le défendre, et le vieux Cambronne, accablé d'infirmités et d'années, voulut se faire porter au banc des accusés, auprès de son jeune défenseur de 1815. Étrange obstination ! Les ministres de Louis-Philippe se refusèrent à reconnaître l'innocence de Berryer; un acte d'accusation, resté fameux, alla jusqu'à lui reprocher « de s'emparer de la tribune pour égarer l'opinion publique, pour calomnier le gouvernement, pour mettre en question l'assentiment de la nation française à son avénement, » et, le 16 octobre 1832, il comparut devant la Cour d'assises de Blois.

Ce fut un vrai triomphe. Lorsqu'il pénètre dans l'enceinte, la foule tout entière, les membres du barreau, les jurés s'inclinent respectueusement devant lui. Les avocats viennent s'asseoir à ses côtés. Le président les ayant invités à se retirer : « Le banc des accusés est aujourd'hui tellement honoré, répond l'un d'eux, que nous avons cru nous honorer nous-mêmes en y prenant place. » Des applaudissements éclatent de toutes parts ; les magistrats eux-mêmes partagent le sentiment qui anime l'auditoire. Enfin, Berryer se lève. — Il explique avec simplicité et franchise les motifs qui ont déterminé son voyage en Vendée ; chacune de ses nobles et émouvantes paroles provoque un mouvement d'approbation ; il semble même que d'accusé devenant accusateur, il ait le droit de reprocher au gouvernement les fautes et les faiblesses qui ont encouragé l'entreprise de la duchesse de Berry. L'avocat général abandonne une poursuite qu'il déclare loyalement ne plus pouvoir soutenir, et une immense ovation à laquelle il peut à peine se soustraire console l'illustre orateur des dures épreuves qu'il vient de traverser.

Cette persécution inutile et maladroite changea la situation de Berryer. La reconnaissance l'unit alors aux libéraux qui l'avaient vivement soutenu, et il conclut avec eux une alliance qui devait être féconde pour son talent et pour sa gloire. Son parti d'ailleurs avait reçu un coup funeste. L'insuccès de la prise d'armes de Vendée lui avait montré la vanité de ses espérances, et si la colère excitée par la capture et par l'emprisonnement arbitraire de la duchesse de Berry lui avait rendu quelque énergie pour recommencer la lutte, la révélation du mariage secret de la mère du roi l'avait bientôt plongé dans l'abattement et le désespoir. La cause de la légitimité avait ainsi perdu jusqu'au prestige du malheur noblement supporté. Il fallait pour la relever, lui donner, en dehors d'elle - même, un solide appui. Trois ans après la révolution qui avait brisé le trône de Charles X, il était aussi trop tard, éternisant un grief sans cesse renouvelé, pour reprocher encore son origine à la monarchie de 1830. Le temps est complice du succès, et, à défaut du droit qui leur manque, il apporte aux gouvernements qui durent la consécration des années. Berryer le comprit sagement et revenant à la liberté qu'il avait toujours honorée de son culte, pour laquelle il avait déjà souffert et combattu, il laissa là le passé, et, le regard tourné vers l'avenir, il prit fièrement en main le drapeau du progrès

Chateaubriand l'avait précédé dans cette voie. Ce grand homme avait l'esprit trop absolu pour reconnaître l'utilité des transactions et des compromis ; aussi lorsque l'antique monarchie, la noblesse, toutes les institutions de droit divin avaient disparu dans un irréparable désastre, il avait rêvé d'établir une société nouvelle à l'image de la libre nation au sein de laquelle s'était écoulée sa jeunesse :

« La légitimité est morte et bien morte, avait-il dit un jour à Berryer, ce n'est pas Charles X ou la branche aînée des Bourbons, c'est la royauté qui s'en va, l'avenir est à la république. Il y a là de grandes choses à faire ; mais ce peuple bon, honnête, généreux, cette jeunesse ardente vouée au culte de ce qui est élevé, ont besoin de direction. Vous parlez bien, je n'écris pas mal, que penseriez-vous si nous leur apportions des idées qui leur manquent? — Monsieur le vicomte, avait répondu Berryer, c'est une grave affaire que vous proposez là, c'est une révolution plus complète que la première. Je vous demande vingt-quatre heures de réflexion[1]. » Le grand orateur réfléchit ; mais, s'il était rempli d'admiration pour l'écrivain, il estimait peu l'homme politique, qui avait pour principe « de conduire la nation à la réalité par des songes ; » il resta royaliste, Chateaubriand le redevint, et, au lieu de préparer la république de l'avenir, ils consacrèrent leurs efforts à

---

1. D'Alton-Shée, *Mémoires*.

la réhabilitation du passé. Associés ainsi dans une œuvre commune, de même qu'ils en partageaient l'honneur, ils étaient dignes d'en partager les périls. Le sort fut juste pour tous deux, et lorsque Berryer revint de Blois, Chateaubriand, à qui l'arrestation de· sa souveraine avait inspiré une protestation indignée[1], fut traduit à son tour devant la Cour d'assises de la Seine.

Il n'avait rien à redouter des juges, « et son génie l'élevait au-dessus des lois ; aussi il accepta avec une noble fierté l'outrage qu'il lui fallait subir, et ne daigna point se défendre. Mais Berryer le défendit malgré lui : « En son nom, sans provocation comme sans bravade, il sut rendre hommage à ces rois de l'exil, qu'avait adorés sa jeunesse et que sa vieillesse devait adorer. Tous ceux qui l'entendirent, dit un écrivain, se souviennent de ce qu'il y eut dans Berryer de sublime et de véritabement inspiré, lorsqu'à l'aspect de la Sainte-Chapelle, évoquant les grandeurs de la vieille monarchie française, il plaça la royauté proscrite sous la protection du Dieu de saint Louis. Il y eut à ce moment, à sa voix, une de ces impressions électriques et involontaires qu'il n'est donné qu'au génie de produire[2]. » Chateaubriand acquitté s'enferma dans la retraite et Berryer rentra dans l'arène

1. Sur l'arrestation de la duchesse de Berry. Mémoire de Chateaubriand contenant cette phrase célèbre : « Madame, votre fils est mon roi. »

2. M. Oscar Pinard. — Il ne reste de cette plaidoirie si célèbre que quelques phrases détachées.

politique où de plus éclatants triomphes lui étaient encore réservés.

Sa popularité grandit, en effet, lorsqu'il eut mis son talent au service de la liberté. Les élections de 1834 en témoignèrent; il fut élu dans quatre colléges électoraux, et la grande cité du Midi, Marseille, où s'est conservé comme une précieuse tradition le culte de l'éloquence, choisit pour représentant l'orateur qui lui rappelait Mirabeau.

Les limites nécessairement restreintes de ce discours ne me permettent pas, messieurs, de passer en revue les nombreuses discussions qui s'agitèrent à cette époque dans le Parlement et auxquelles Berryer prit une part si brillante. Si, d'ailleurs, le sentiment de mon insuffisance ne m'avertissait pas des difficultés que présente cette tâche, la réserve me commanderait de ne la point entreprendre. Pour la monarchie de Juillet, les jours de l'histoire ne sont point encore venus. Nos malheurs récents nous disposent pour elle à trop d'indulgence, les fautes qui les ont préparés à trop de sévérité. Cette agitation dont je parlais tout à l'heure, l'insurrection en permanence, de coupables désordres, la poussèrent à s'armer de lois répressives qui ne ramenèrent qu'une tranquillité passagère, et le soin de sa conservation la rendant chaque jour plus égoïste et plus timide, après avoir blessé la vanité nationale par son impuissance vis-à-vis de l'étranger, elle tomba victime d'une orgueilleuse résistance aux aspirations libérales du pays.

Jamais cependant les affaires publiques ne furent dirigées avec plus d'habileté; jamais elles ne seront discutées avec plus de talent. Toutes les opinions et tous les partis se livraient de libres combats. Les intérêts moraux et matériels de la nation et souvent les intérêts généraux du monde fournissaient un aliment à ces magnifiques débats qui remuaient et passionnaient l'Europe. Des hommes d'État, vraiment dignes de ce nom, formés par l'étude de l'histoire et de la philosophie ou par une longue expérience à la science du gouvernement, se succédaient au pouvoir, et dans cette Chambre qui représentait, sinon la France entière, du moins l'élite du pays, se rencontraient les hommes les plus considérables que ce siècle ait produits. Parmi tant d'esprits distingués et d'orateurs éminents, dont on peut dire avec Cicéron : « Quis horum in illis temporibus non prin- « ceps fuit ? » Berryer s'était rapidement placé au premier rang. Sans doute, il n'avait ni le savoir, ni l'élévation, ni la souplesse qui assuraient à plusieurs de ses rivaux une supériorité incontestée; mais il unissait un bon sens infaillible à une rare intelligence des affaires, et possédait au plus haut degré cette qualité maîtresse du politique : la connaissance des hommes et des besoins de son temps.

On aurait pu croire que la sensibilité de son âme le rendait impropre à la vie publique, et qu'il était organisé surtout pour exprimer dans un beau langage les grands lieux communs; mais il avait, au contraire, un esprit compréhensif et flexible qui se pliait aux études les plus diverses. Il embrassait avec une merveilleuse facilité les questions de finances dans leurs détails infinis et complexes, et les exposait avec une clarté et une lucidité que M. Thiers lui-même lui a parfois enviées. Sa vive éloquence animait les chiffres ; il les maniait avec aisance, les groupait dans un ordre lumineux, et sa discussion avait la précision et la rigueur d'une démonstration mathématique, sans en avoir la sécheresse. C'est lui qui, en 1834, combattit le fameux traité des 25 millions d'Amérique, et le fit rejeter par la Chambre, malgré les efforts désespérés d'un ministre, dont cet échec entraîna la chute. L'intrigue seule, l'année suivante, triompha du talent, mais à quel prix ! Avec quelle prodigieuse habileté, examinant sous toutes ses faces la réclamation des États-Unis, Berryer en démontra l'injustice ; avec quelle véhémence, reprochant au gouvernement sa faiblesse, il adjura la Chambre de ne s'en point rendre complice ! « Vous êtes, leur dit-il, les représentants de la nation la plus généreuse, mais en même temps la plus fière du monde. Vous ne devez pas céder quand on réclame avec insolence[1]. » Les ministres se demandaient avec inquiétude si cette fois encore leurs précautions seraient inutiles ; la majorité leur fut cependant fidèle, mais, le lendemain, la presse tout entière saluait Berryer comme le véritable defenseur des intérêts français.

1. *Moniteur* du 14 avril 1835.

Aucun représentant n'était, en effet, plus soucieux de la prospérité du pays. S'agissait-il de la marine, des travaux publics, Berryer avait pendant l'année visité les ports, consulté les ingénieurs, cherché, en s'entourant de toutes les lumières, quelles étaient les améliorations utiles, les transformations nécessaires, et les savants discours qu'il prononçait sur ces questions ardues étonnaient et déconcertaient les spécialistes eux-mêmes ; Lorsqu'une prodigieuse découverte supprima les distances et rapprocha les nations, avec quelle ardeur infatigable n'étudia-t-il point la direction à donner aux lignes de fer qui, reliant entre eux les centres industriels, favoriseraient le développement et l'extension du commerce ! Il commentait, discutait, amendait les divers projets soumis à la Chambre, proposait lui-même de nouveaux tracés et, inspiré par l'amour du bien public, s'imposait ainsi les plus considérables travaux.

Mais il n'était point de ceux qui s'enferment dans la préoccupation étroite et exclusive des intérêts matériels. Les esprits imprévoyants et vulgaires peuvent croire que la recherche du bien-être est la seule passion des hommes. Berryer savait, au contraire, que le sentiment de leur dignité élève plus haut leur ambition et que les nations commencent à déchoir lorsqu'elles perdent le goût et l'usage de la liberté. Aussi ne cessait-il de demander la réforme de l'organisation administrative que nous a léguée le premier empire, de ce « mécanisme » qu'il considérait comme le principal obstacle à l'établissement d'institutions libres. « S'il est un besoin qui se fait sentir sur tous les points du royaume, disait-il, c'est de briser cette centralisation née de la République et de l'Empire, joug odieux et insupportable à nos provinces ; » et il ajoutait encore : « Centralisation immorale, je ne puis lui donner d'autre nom, immorale par l'esprit de servilité, par l'esprit d'obséquiosité, de cupidité diatrique qu'elle jette au milieu du pays, offrant, dans cette quantité de places dont le pouvoir dispose, une pâture pour toutes les cupidités inertes et oisives [1]. »

En même temps que la réforme administrative, il réclamait la réforme électorale, afin que « ceux qui donnaient des couronnes eussent aussi le droit de faire les lois. » Sans pousser jusqu'à ses conséquences logiques un principe qu'il croyait dangereux d'appliquer dans toute son étendue, il voulait que le droit de suffrage ne fût pas le privilége d'un petit nombre et craignait avec raison que le peuple, chassé dédaigneusement des affaires, ne tentât de reconquérir par l'émeute la part de pouvoir dont il était dépossédé. Après avoir ainsi soustrait le gouvernement parlementaire à l'influence de ces majorités factices que préparaient les libéralités d'un ministre ou le caprice d'une coterie, il l'eût voulu fortifier encore par toutes les libertés de discussion, d'association, « ces droits sacrés, primordiaux, que l'on ne saurait enchaîner sans attaquer la société par sa base. »

---

1. 6 janvier 1834.

Vous savez, messieurs, que ces idées ne triomphèrent
point. Loin de chercher dans la pratique sincère du
régime parlementaire le principal élément de leur force,
les ministres qui se succédèrent crurent, par des lois
d'exception et de rigueur, assurer le salut de la monarchie. Berryer combattit toutes ces mesures répressives :
il fut au premier rang de cette opposition courageuse
qui protesta contre les lois de septembre et à laquelle
Royer-Collard vieilli avait, dans un suprême effort,
apporté son appui. Adversaire du ministère Molé, il défendit avec la coalition les prérogatives du Parlement
contre les empiétements de la couronne. Il ne pouvait
comprendre qu'oubliant cet axiome politique que la
stabilité des gouvernements est en raison inverse de l'é-
tendue de leur action, ceux-là mêmes qui l'avaient si longtemps professé s'efforçassent de substituer à l'initiative
. individuelle l'intervention incessante du pouvoir, et
lorsque quelque orateur imprudent lui répondait alors
que la monarchie, menacée par les partis, avait le droit
et le devoir de s'opposer à leurs coupables entreprises :
« Vos précautions sont impuissantes, répliquait-il avec
énergie. Si vous voulez empêcher les attaques des partis,
donnez la liberté. Laissez aux nobles combats de l'esprit,
aux luttes de l'intelligence la destinée et la direction
des sociétés[1]. » A la tribune, à la barre, ces paroles qui
étaient le résumé de sa foi politique revenaient sans

1. *Moniteur* du 6 janvier 1834.

cesse sur ses lèvres. « Si vous étouffez les consciences, » disait-il en défendant le savant écrivain, aujourd'hui bibliothécaire de notre ordre, si les vœux, « les pensées, les systèmes ne se développent pas librement dans les assemblées populaires, si la presse n'a pas le droit de les faire connaître et de tout soumettre au jugement du pays, croyez bien que vous ne ferez pas taire les consciences, que vous ne tuerez pas les intelligences, que des arrêts ne détruisent pas les convictions de toute une vie, vous nous condamnerez à chercher d'autres ressources. Protégez la liberté qui protégera la paix, et dans la liberté, dans la paix, nous trouverons ce qu'il faut pour la France, par la libre, pleine et courageuse lutte de toutes les intelligences[1]. »

On comprend aisément l'effet que produisaient ces discours ; l'opposition libérale acclamait l'orateur légitimiste qui portait si dignement son drapeau, mais les ministres irrités par ce qu'ils appelaient une impure alliance, accusaient Berryer de « cynisme révolutionnaire. » C'est là un de ces outrages que peut seul expliquer l'entraînement de la lutte, et lorsque, trente ans plus tard, le chef du dernier cabinet de la monarchie de Juillet porta sur ses anciens adversaires un jugement impartial, il rendit dans ses mémoires ce loyal hommage à celui qui l'avait sans cesse combattu : « M. Berryer sent en patriote, il n'est étranger à aucun des intérêts, à aucune

1. Cour d'assises d'Angers, 23 novembre 1841. — Plaidoyer pour M. Haureau.

des émotions, à aucune des aspirations de son pays; non-seulement il comprend, mais il partage les tristesses nationales. Il a soutenu les droits et les traditions des temps anciens, et il est autant que personne homme des temps nouveaux et attaché aux droits que les générations modernes ont conquis[1]. »

En est-il un plus éclatant témoignage que ces magnifiques harangues qu'il prononça sur les affaires extérieures, et qui seront son plus beau titre à l'admiration des temps futurs? Démosthène disait aux Athéniens : « Dans les causes publiques, ayez toujours devant les yeux la magnanimité du pays. » Berryer, messieurs, avait toujours devant les yeux la magnanimité de son pays. Avec quel enthousiasme il parlait de notre glorieux passé et de notre avenir qu'il voulait plus glorieux encore, soit que dans un superbe mouvement oratoire il représentât « la France assise comme une reine sur une terre bénie du ciel, entre ces deux mers qui viennent rouler leurs flots sur ses rivages et solliciter en quelque sorte le génie de son intelligence[2], » soit que, s'enorgueillissant des triomphes que remportaient en Afrique de grands généraux et de valeureux soldats, il organisât déjà la conquête, montrât nos flottes maîtresses de la Méditerranée, l'Algérie pacifiée et féconde[3], soit enfin qu'il avouât, avec une expression de douleur

---

1. Guizot, *Mémoires*, t. VII.
2. *Moniteur* du 25 mars 1840.
3. *Moniteur* du 8 juin 1838.

infinie, que la source de ces prospérités qu'il avait rêvées semblait tarie pour toujours, et que « le fruit n'apparaissait pas même en fleur sur l'arbre que nous avions arrosé de tant de sang [1]! » Il était, avant tout, bon Français, comme il le répétait lui-même ; jaloux de l'influence de sa patrie, confiant dans la force de ses armes, ennemi de l'Anglais « dont il prononçait le nom de manière à réveiller les souvenirs de Poitiers, d'Azincourt et de Waterloo [2], » il avait toutes les qualités et tous les généreux défauts d'un patriote. Et certes, ce n'était point dans un esprit d'opposition mesquine et tracassière qu'il condamnait cette politique incertaine qui n'osait même pas dissimuler sa faiblesse. Il s'élevait bien au-dessus des préoccupations de coterie, lorsque, sans souci des préférences de son parti, il conseillait aux ministres d'intervenir en Espagne : « Intervenez, intervenez, soutenez don Carlos ou soutenez Christine, mais quel que doive être le victorieux, faites en sorte que ce ne soit pas nécessairement un ennemi de la France [3]. » Il eût voulu que, par des alliances habilement ménagées, la France reprît l'ascendant qu'elle avait perdu, et que sa situation dans le monde fût à la hauteur de son génie. Aussi éprouva-t-il une amère tristesse lorsque le gouvernement des Tuileries, après un essai de résistance, dut céder devant la menace de l'Europe coalisée et lais-

1. *Moniteur* du   février 1847.
2. D'Alton-Shée, *Mémoires.*
3. *Moniteur* du 16 janvier 1839.

ser régler sans lui la question d'Orient. Quel souffle de patriotisme l'anima, lorsqu'au nom des morts de Waterloo, il protesta contre les dédains de l'Angleterre et, rappelant les hésitations de notre politique, repoussa avec indignation l'adresse « honteuse et lâche » qui reconnaissait notre impuissance[1]! Jamais l'honneur national outragé ne trouva un plus éloquent interprète, et lorsque, dévoilant les intrigues et les perfidies de Philippe, l'orateur athénien soulevait la Grèce entière, la haine des oppresseurs, l'amour de l'indépendance ne lui inspiraient pas de plus sublimes accents.

Trois mois plus tôt, la France eût été peut-être entraînée par ce discours. Irritée par les provocations de l'Angleterre, elle semblait disposée à courir les chances d'une guerre européenne. Cette exaltation des esprits avait réveillé l'ambition d'un prétendant, et, s'imaginant « que seul il pouvait ramener sur la terre de la patrie la gloire et l'honneur exilés avec lui[2], » le prince Louis Napoléon avait effectué une descente sur la côte de Boulogne et prononcé la déchéance de Louis-Philippe. Vous connaissez tous le résultat de cette tentative quelque peu présomptueuse : le peuple et l'armée restèrent calmes, malgré les proclamations incendiaires qui les appelaient aux armes, et le prince, aussitôt arrêté, fut traduit devant la Cour des pairs.

Il s'adressa alors à celui dont le dévouement n'avait

1. *Moniteur* du 1er décembre 1840.
2. Proclamation de Boulogne.

jamais failli à l'infortune, et Berryer consentit à se char-
ger de sa défense. C'était une tâche embarrassante pour
le chef du parti légitimiste, que celle de porter la parole
au nom d'un prétendant qui voulait reprendre l'épée
d'Austerlitz, et relever le trône impérial. Mais avec
quelle habileté, triomphant de tous les obstacles, il sut pro-
fiter à la fois de sa situation personnelle et de la situation
de son client pour affirmer les droits supérieurs de la
maison de Bourbon et pour justifier les prétentions du
prince qui venait contester la souveraineté de la famille
d'Orléans au nom du principe de la volonté nationale!

Ce plaidoyer, « par sa hardiesse contenue, sa témérité
calculée, est, comme on l'a dit, le chef-d'œuvre de
l'art d'oser. » Berryer ne cherche point à excuser le
crime du prince Napoléon, il dresse un véritable acte
d'accusation contre le gouvernement qui, « frémissant à
l'idée de guerre, a laissé tomber la grande influence de
la patrie. « N'est-ce pas lui, s'écrie-t-il, n'est-ce pas lui,
s'il y a crime, qui l'a provoqué par ses principes, par ses
exemples, par tous ses actes? N'est-ce pas lui qui l'a inspiré
en remuant les cendres du héros qui avait promené la
grande épée de la France de l'extrémité du Portugal
jusqu'aux extrémités de la Baltique? » La Cour des pairs
se révolte, il la courbe devant lui; allant d'audace en
audace, il la force d'accepter ses hautaines menaces; son
insolence superbe s'élève jusqu'à la majesté : « Vou-
drait-on faire du succès la base de la morale, la base des
sentiments et des opinions des hommes ? Si le succès fait

tout, eh bien! écoutez-moi. J'accepte l'arbitrage que je vais vous proposer ; cet arbitrage, c'est vous qui le prononcerez. Dites, sans avoir égard à la faiblesse des moyens employés par le prince ; dites : « S'il eût triom-« phé, j'aurais nié son droit, j'aurais refusé de m'associer « à son pouvoir. » Dites-le, vous que nous connaissons tous, et celui-là, je l'accepte pour juge. » A ces mots, les vieux sénateurs, comtes et barons, maréchaux et minis-tres, redevables de leurs grandeurs aux munificences même de l'Empire, inclinent leurs fronts « blanchis sous tant de harnais; » ils semblent plongés dans la stupeur et cependant (telle est la magie de l'éloquence) ils éclatent en bravos enthousiastes lorsqu'au-dessus de leurs têtes retentit comme suprême menace cette parole éternellement prophétique : « Il y a une logique iné-vitable et terrible dans l'intelligence et les instincts des peuples, et quiconque dans le gouvernement des choses humaines a violé une seule loi morale, doit attendre le jour où le peuple les brisera toutes sur lui-même. »

Combien de fois, à cette époque, Berryer arracha ainsi à ses adversaires d'involontaires frémissements d'admira-tion ! Il était alors à l'apogée de sa gloire, dans toute la force de l'âge et du talent. Ses discours, longtemps an-noncés à l'avance, étaient attendus avec impatience comme un grand événement politique; on savait qu'ils faisaient des miracles[1], déjouaient les calculs des mi-

---

1. *National.*

nistres et changeaient les majorités. Jamais en effet dans nos assemblées publiques, aucun orateur, sans excepter même Mirabeau[1], n'avait exercé à un plus haut degré la domination de l'éloquence, et pourtant, en le voyant si timide et si troublé au moment de s'engager dans la lutte, qui eût reconnu celui que Timon appelait le « prince de la parole. »

Lorsqu'il devait parler il arrivait à la Chambre dès le début de la séance, il semblait en proie à une émotion violente et la pâleur de son visage révélait le long labeur et l'agitation de la nuit. Il passait et repassait sans cesse devant la tribune que par moments il contemplait avec inquiétude, puis il en montait lentement les degrés, s'y posait fièrement et la tête rejetée en arrière, la main pressée sur la poitrine embrassait du regard cette assemblée qui allait lui appartenir. Cette dignité n'avait rien d'affecté et seyait si bien à son caractère qu'on ne songeait point à remarquer « combien il faut d'art pour rentrer dans la nature[2]. » C'était bien là le défenseur de la vieille monarchie comprenant la grandeur de sa cause et prêt à commander le respect pour le malheur et l'exil. Il commençait avec simplicité, presque avec embarras ; comme s'il eût redouté les préventions qui l'accueillaient tout d'abord, il protestait de la parfaite sincérité de son langage et souvent même au risque de déplaire à son parti, il cherchait à se concilier les

1. Opinion de M. Royer-Collard.
2. La Bruyère.

sympathies les plus rebelles par un cri de patriotique enthousiasme[1]. Peu à peu il s'anime, son discours prend
alors un mouvement irrésistible, les faits habilement
groupés, les considérations qui les expliquent, les nobles
pensées, les grands sentiments se pressent et se préci-
pitent comme un torrent déchaîné. Nul détail inutile
qui le puisse ralentir; nul développement oratoire qui
le vienne détourner. Cette assemblée tout à l'heure
hostile est maintenant vaincue : elle s'attendrit ou s'ir-
rite, s'indigne ou s'apaise au gré de l'orateur qui la
soumet à sa loi. En vain essaye-t-elle de se soustraire à
l'étreinte de cette vigoureuse dialectique : tout la subju-
gue à la fois et la véhémence du discours et ce regard
enflammé et ce geste tour à tour impérieux et suppliant
et cette voix qui a toutes les harmonies, celles qui char-
ment et remuent doucement , celles qui troublent et
transportent, cette voix qui vibre émue et caressante
au milieu d'un silence religieux ou domine le tumulte
avec l'éclat strident de la foudre.

Berryer est alors emporté comme par un souffle
puissant qu'il ne peut ni modérer ni contenir. Il règne,
il commande, distribuant le blâme et l'éloge[2], où mar-
quant d'une flétrissure ses adversaires accablés[3], tantôt

1. *Moniteur* du 17 juin 1839 : « Je remercie la Convention d'avoir
sauvé l'intégrité de notre territoire. »

2. *Moniteur* du 16 janvier 1839. A M. Thiers : « En voulant intervenir en Espagne et conserver la position d'Ancône, vous avez fait deux
actes honorables, monsieur. »

3. *Moniteur* du 31 décembre 1834, allusion à M. Barthe, et *Moniteur*
du 1er décembre 1840.

l'émotion qui soulève son âme s'échappe en flots pres-
sés, et dans l'ivresse de la parole il descend jusqu'à la fa-
miliarité[1]; tantôt toutes ses facultés s'exaltent et trou-
vant en lui-même, ou recevant de ses auditeurs ravis,
par une communication invisible et mystérieuse, de nouvelles idées et de nouveaux sentiments, il semble éclairé
par de soudaines illuminations, de même que Condé
« semblait lui-même éclairé d'en haut lorsque tout était en
feu autour de lui, » et suivant la majestueuse image de
Bossuet « devenait semblable à ces hautes montagnes,
dont la cime au-dessus des nues et des tempêtes trouve
la sérénité dans la hauteur, et ne perd aucun rayon de
la lumière qui l'environne. »

Parfois cependant Berryer s'épuisait en vains efforts,
et l'inspiration incertaine n'amenait sur ses lèvres que
des exclamations sonores et des phrases inachevées. Il
était lourd, diffus, incorrect: le dieu intérieur sommeil-
lait et ne l'agitait point. Ces inégalités ne sont-elles
point l'écueil inévitable de l'improvisation? Berryer im-
provisait en effet ses discours. Moins préoccupé de
charmer que d'émouvoir et de persuader, il s'inquiétait
peu de la forme dans laquelle il traduisait sa pensée.

---

1. *Moniteur* du 16 juillet 1851 : « Mes amis, mes vieux amis de la
majorité. » . . . . « Le despotisme, je l'ai senti et il m'a été odieux. Je
n'ai pas attendu sa chute; j'ai ici tous mes amis d'enfance, ils savent
qu'avant la chute de l'Empire je leur disais : « Vous ne vous rendez pas
« compte de votre gouvernement, il est odieux, intolérable. La gloire
« ne couvre pas cela. Tu m'es témoin.... » L'orateur indique du geste
un membre de la droite, M. de Grandville. (Vive sensation.) »

Ce n'est pas qu'il « haranguât à l'improuveu [1]. » Aucun orateur n'apporta jamais un soin plus scrupuleux à la préparation de ses discours. Pendant de longs jours, souvent pendant plusieurs mois, enfermé dans son cabinet de travail ou retiré dans la solitude d'Augerville, il songeait, méditait, étudiait sous toutes ses faces le sujet qu'il se proposait de traiter. Mais lorsque, à force de travail et de patience, il avait trouvé, classé, mis en ordre ses arguments et ses raisons, il laissait au hasard le soin de terminer sa tâche. Peu lui importait de blesser le goût ou l'oreille des auditeurs qu'il se croyait désormais certain de convaincre, et il poussait si loin ce dédain de la forme, qu'il ne corrigeait même point les épreuves du *Moniteur*.

Ce dédain peut nous surprendre de la part d'un orateur qui avait lui-même un goût si délicat et si fin et était si profondément pénétré du sentiment de la beauté. La beauté, il la recherchait et l'aimait sous tous ses aspects, dans la nature, dans les belles-lettres et dans les arts. Un ardent besoin de sentir et d'admirer le poursuivait sans cesse, et s'il ne l'empêchait point de veiller aux intérêts de l'État, il lui faisait souvent oublier ses propres affaires. Artiste et dilettante il s'entourait de compositeurs, d'hommes de lettres et de poëtes, et s'honorait d'être l'ami des plus grands. Delacroix était l'hôte assidu de sa maison, Rossini lui dédiait ses mé-

---

1. Plutarque, *Vie de Démosthènes*, traduction d'Amyot.

lodies, Musset le chantait dans ses vers, et par un étrange rapprochement, de même qu'un jour Rossini se renferma dans le silence et que le charmant auteur des Nuits suspendit sa lyre, de même pendant un temps Berryer ne fit plus entendre cette voix éloquente qui entraînait les assemblées.

Le ministère Guizot avait réussi à triompher de ses adversaires. Il avait restreint les libertés, fortifié le pouvoir, composé une majorité dévouée à sa politique. Les luttes parlementaires dont le résultat était prévu n'offraient plus le même intérêt. Berryer n'y prenait part qu'à de longs intervalles, et ne remportait plus d'aussi brillants succès qu'autrefois. « Il n'est félicité aujourd'hui que par ses amis, » disait tristement un de ses fidèles admirateurs. A peine retrouva-t-il quelque énergie pour combattre l'adresse qui flétrissait les royalistes après leur pèlerinage à Belgrave Square, et jeter à M. Guizot le fameux mot : « Vous avez été à Gand » si fièrement relevé. Il éprouvait une sorte de découragement et de lassitude, et abordant rarement les questions de politique générale il discutait de préférence les questions d'intérêt local ou de travaux publics. Il soutint cependant la réforme électorale à la tribune, mais lorsque l'opposition réduite à l'impuissance, dédaignée par un parlement devenu le complice du pouvoir au lieu d'être son conseil et son juge, descendit sur la place publique, il refusa de la suivre et ne voulut point s'associer à cette fameuse campagne des banquets, qui

devait se terminer par la chute du trône de Louis-Philippe.

Berryer n'avait pas désiré la république, bien qu'il
en eût un jour prédit le prochain avénement. Cette
forme de gouvernement ne lui inspirait aucune répugnance, mais il doutait qu'elle pût s'établir avec
quelque chance de durée dans une société où les traditions et les principes, les intérêts et les droits se
trouvent dans un perpétuel antagonisme[1]. Cependant,
lorsque la proclamation du gouvernement provisoire
fut saluée par d'unanimes acclamations, il put croire
que cette nation qui semblait oublier ses dissentiments
et ses haines, était régénérée par le souffle généreux qui
la soulevait de toutes parts. Il n'hésita point à solliciter le mandat de représentant du peuple, et le suffrage
universel l'envoya siéger dans cette grande assemblée,
où les orateurs se trouvaient réunis aux écrivains, les
philosophes aux hommes pratiques pour donner au
pays de libres institutions. Malheureusement, l'enthousiasme ne tarda pas à faire place à la défiance, et avec
les vieilles rancunes se réveillèrent d'anciennes ambitions. Les conservateurs, toujours prêts à s'alarmer
lorsqu'il leur faut sortir de l'inaction pour défendre
leurs droits, se prirent à désespérer de la chose publi

1. 31 janvier 1851, *passim.*

que, les radicaux s'abandonnèrent à de dangereuses
utopies, et l'anarchie qui régnait dans les esprits faillit bientôt triompher dans la rue. Douloureusement
émue par la guerre civile qui avait désolé la capitale,
l'Assemblée commit alors la faute de repousser de sages
projets de constitution qui eussent fondé la liberté et
sauvé la République; et la France, oubliant à la fois et
les services que lui avait rendus un grand citoyen, et
les tentatives audacieuses qui avaient déjà révélé l'ambition d'un prétendant, tourna ses regards vers l'héritier
du merveilleux capitaine qui, au début de ce siècle,
avait, sur de si « ruineux fondements, » rétabli l'autorité. Lorsqu'à la faveur du calme qui suivit, il fut possible de mesurer l'abîme qu'avaient creusé ces orages,
les esprits clairvoyants comprirent que la République
était fortement ébranlée, et qu'un dictateur, devenu
tout-puissant, tournerait bientôt contre elle les armes
qu'il avait reçues pour la défendre.

Berryer avait fidèlement rempli son devoir de représentant. Sans doute la révolution de 1848 n'avait pas
fait de lui un homme nouveau; mais si les convictions
de toute sa vie ne lui permettaient pas de prendre une
part active à l'élaboration d'une constitution républicaine, il avait secondé une administration honnête dans
les efforts qu'elle faisait pour ramener l'ordre dans les
finances et apporté un loyal concours au gouvernement
menacé par l'émeute. Cependant, lorsqu'il vit succéder,
comme par une loi nécessaire, le désir du repos à l'agi-

tation et la réaction à la licence, il rêva peut-être une restauration monarchique, et caressa cette illusion que. la royauté était la meilleure sauvegarde des libertés publiques en péril. Mais il ne conçut jamais, comme on l'en a faussement accusé, le coupable projet de relever le trône des anciens rois au moyen d'une conspiration et à la faveur d'une surprise. Il put manquer de prudence, en étalant avec trop de complaisance ses sentiments royalistes, il avait l'esprit trop droit, l'âme trop haute pour commettre un attentat contre les lois de son pays. N'est-ce pas lui, au contraire, alors que les amis les plus sincères de la République attendaient avec résignation les événements qu'ils ne songeaient pas à prévenir [1], n'est-ce pas lui qui dénonçait à l'Assemblée imprévoyante les intrigues et les machinations qui se tramaient dans l'ombre? N'est-ce pas lui qui, dans son immortel discours sur la Révision [2], la conjurait de rester unie en face des dangers qui la menaçaient et lui adressait ces paroles prophétiques : « Je ne sais quels seront vos successeurs, ni si vous aurez des successeurs, ces murs resteront peut-être debout, mais ils seront habités par des législateurs muets [3] » Ces avertissements, hélas ! furent accueillis avec défiance et la division des partis favorisant l'entreprise du 2 décembre, un coup de main renversa la République. Berryer la défendit

---

1. Refus de la proposition des questeurs.
2. *Moniteur* du 16 juillet 1851.
3. *Moniteur* du 16 janvier 1851.

jusqu'au bout avec courage, et on peut dire qu'il tomba
avec elle enveloppé dans son drapeau. En vain essaya-
t-il d'organiser la résistance à la mairie du X⁰ arrondis-
sement, où s'étaient réunis les représentants violemment
expulsés de la salle de leurs séances : le droit fut immolé
par la force !

Le soir même, l'ancien défenseur du prince Louis-
Napoléon couchait à Vincennes.

Après ces événements douloureux, dont je ne veux
pas faire ici le récit lamentable, Berryer nous fut rendu
tout entier. Tandis que ses rivaux d'éloquence et de
gloire quittaient la France devenue inhospitalière, il vint
chercher asile dans ce vieux palais où le ramenaient sans
cesse ses affections et ses souvenirs, près de cette Sainte-
Chapelle consacrée à un prince qui sut donner l'exemple
du respect des lois. Ces terribles épreuves n'avaient point
jeté dans son âme un stérile découragement. Sa carrière
politique était brisée, mais sa vie avait encore un but,
puisqu'il pouvait épargner de plus grands maux à ses
concitoyens. On le vit alors marcher fièrement à votre
tête et « vous conduire aux nobles combats ». Les yeux
fixés sur le droit, vous disait-il, consacrez-vous à sa défense, et célébrant, avec une sorte de lyrisme, l'indépendance et la vertu de vos ancêtres « qui instruisaient
l'orgueil du pouvoir absolu », il ranimait dans tous
les cœurs les courages abattus. Joignant les actes aux

préceptes, il se multipliait devant les diverses juridic-
tions, et par ce dévouement infatigable et intrépide il
rehaussait encore l'éclat de la dignité du *Bâtonnat* que
le Barreau avait remise entre ses mains.

Lorsque les princes d'Orléans furent dépouillés de leurs
domaines, ce fut Berryer lui-même qui se présenta à la
barre pour protester contre la confiscation dont ils étaient
victimes. Cette fois du moins, le droit « ce droit que
consacrent la raison et les siècles, que les tyrans eux-
mêmes ont respecté, » triompha de la force cupide, et
quand « au nom des institutions du pays, au nom de
tous les principes protecteurs de la société » l'orateur
inspiré invoqua contre la violence déchaînée la protection de la Justice « forum, forum et jus », sa patriotique
émotion gagna l'âme des juges qui repoussèrent noblement la solidarité déshonorante d'un odieux attentat.
Comment d'ailleurs n'eussent-ils point entendu l'appel
que leur adressait ce grand citoyen qui, dans un temps
fameux par le scandale de ses apostasies, pouvait s'écrier
avec orgueil : « J'ai été quarante ans élévé à l'école des
magistrats, j'ai défendu les lois de mon pays, sans accep-
tion de personnes, sans haine pour les hommes, avec
les ressources de mon intelligence et avec l'énergie de
mon âme, avec l'impartialité, avec l'amour de la vérité et
de la justice; j'ai toujours défendu le droit, je le défen-
drai toujours envers et contre tous. »

Berryer avait toujours défendu le droit, il le défendit
encore. Sa voix, hélas! fut étouffée. On ne l'écouta

guère et la France ne l'entendit plus. L'éloquence judiciaire elle-même fut pacifiée. Des auditeurs choisis et que le pouvoir sut avec sollicitude mettre en garde contre les entraînements de l'émotion assistèrent seuls à ces mémorables débats dont l'écho vint à peine jusqu'à vous. La défense de M. de Montalembert, le plaidoyer des correspondances que de pieuses mains ont recueilli, témoigneraient cependant, s'il en était besoin, que dans ces tristes temps l'indépendance du barreau fut le dernier rempart de la liberté et de l'honneur des citoyens.

Mais Berryer ne se consacrait pas seulement à la défense des accusés politiques ; depuis que la tribune était muette, les travaux quotidiens du Palais étaient nécessaires pour occuper sa vie. Le barreau avait retrouvé son ancienne splendeur. Les avocats qui avaient déposé la robe pour remplir les plus hautes dignités de l'État, aujourd'hui descendus du pouvoir ou chassés des assemblées, avaient repris place dans nos rangs. A aucune époque, même sous la Restauration, il ne s'était rencontré une réunion plus brillante de plus grands talents, et en même temps, jamais plus grands procès ne s'étaient déroulés devant la justice. On pouvait déjà reconnaître les effets du régime nouveau et se convaincre que le despotisme met à l'aise tous les vices. L'amour du gain et des jouissances matérielles deviennent bientôt les seules passions d'une société détournée des préoccupations politiques ; la France commençait à en faire la triste expérience. La spéculation accumulait les ruines, et le goût des plaisirs déréglait les mœurs. De là, ces procès *de scandale* qui ouvrirent à l'éloquence judiciaire de plus vastes horizons, car ces misères, qui désolent le moraliste, fournissent à l'orateur qu'elles attristent ou révoltent ses plus magnifiques inspirations. C'est en démasquant les aventuriers de la finance ou en flétrissant les désordres du foyer domestique, que Berryer prononça tant de plaidoyers célèbres dont je ne saurais ici vous donner l'analyse ; il est temps d'ailleurs que j'essaie de rappeler les traits principaux qui distinguaient cet incomparable avocat.

Il excellait dans tous les genres : il avait à la fois la science du jurisconsulte, l'habileté du praticien, la pénétration de l'homme d'affaires, et connaissait à fond les lois, la jurisprudence, la procédure. Sa méthode était peut-être plus remarquable encore que sa science et son intelligence des affaires. « Dès le seuil de son discours, il voyait comme d'un point élevé le but où il tendait [1], » et au travers des faits et des chiffres gravés dans sa vaste mémoire, il poursuivait sa démonstration avec une netteté et une vigueur extraordinaires. Quel art merveilleux il apportait dans la disposition et la déduction de ses raisonnements ! Avec quelle adresse il tournait les difficultés, évitait les obstacles et amenait son adversaire sur le terrain que lui-même avait choisi ! Il prévenait, d'ailleurs, toutes les objections et si quelque incident se produisait dans le cours du débat, sa présence d'esprit, qui ne l'abandon-

1. Timon.

nait jamais, même dans l'ardeur de la lutte la plus orageuse, lui permettait d'y parer à l'instant.

Comme les vrais orateurs, il grandissait sous la contra-
diction. Jamais il n'était plus redoutable que dans la répli-
que, et lorsqu'après avoir écouté son adversaire, non sans
donner de fréquents signes d'impatience, il se levait pour
lui répondre, sa dialectique serrée, pressante, prenait un
tour plus vif, un mouvement plus rapide et sa parole avait
plus de verve, de relief, de puissance.

Les ressources de son intelligence étaient inépuisa-
bles, la variété de ses moyens était infinie. Tantôt, dès
le premier mot au cœur même du débat, il portait avec
impétuosité un coup décisif et s'emparait comme d'as-
saut de la conviction du juge ; tantôt il semblait s'égarer
dans les généralités, abandonner le terrain de la discussion, puis y revenant avec fougue, il renversait d'un
bond tous les obstacles accumulés devant lui. A l'exemple des grands orateurs de Rome, il aimait à grouper dans
une récapitulation rapide tous ses arguments et à en
former un solide faisceau sous le poids duquel son adversaire demeurait accablé. Mais la véhémence et la force
n'étaient pas ses seules qualités. Il y avait aussi un art
extrême dans ses plaidoyers, un art d'autant plus savant qu'il se dissimulait sous les apparences de la simplicité et de l'abandon. Certains d'entre eux offrent l'intérêt et jusqu'aux surprises du drame[1]. Nul ne savait

1. P. ex. Plaidoyer Montesquiou-Fezensac.

mieux que Berryer retenir l'attention captive, exciter la curiosité en suspendant le dénouement qui la doit satisfaire et assurer ainsi le succès d'un mouvement oratoire souvent préparé d'avance sous plusieurs formes.

Avec quelle vérité il faisait parler les passions ! Quelle profonde expérience il avait de l'homme, quelle connaissance des détours et des secrets du cœur humain ! Sans doute, dans la peinture des sentiments, dans les tableaux de scènes de la vie intime, il mettait moins de grâce et de délicatesse que d'énergie. Les censeurs remarquaient même qu'il n'était ni élégant ni correct ; l'auditeur ému s'en apercevait à peine. L'harmonie de la diction remplaçait pour lui celle de périodes cadencées, et l'oreille charmée par les notes pures et sonores d'un organe enchanteur n'était pas péniblement impressionnée par les incorrections du langage.

Mais c'est surtout dans les affaires criminelles que Berryer s'éleva à la plus haute éloquence. Ces débats redoutables, dans lesquels l'honneur et la vie sont en jeu, lui inspiraient une sorte de terreur, et il ne consentait à défendre un accusé qu'après s'être assuré de son innocence. Là était le secret de sa force, et cette conviction dont il était animé lui donnait pour arracher son client au déshonneur ou à la mort une ardeur et même une audace extraordinaires.

Que l'on ne cherche dans ses plaidoyers ni une discussion subtile des témoignages et des preuves, ni ces déclamations pompeuses ou ces lieux communs vulgaires dont on a tant abusé dans l'antiquité comme de nos jours. Que l'on n'y cherche point davantage ces récits saisissants et dramatiques dans lesquels excellait un orateur qui, en ce genre, n'a pas eu de modèle et n'aura peut-être jamais d'égal. Berryer ne songe point à préparer, à surprendre le conviction du juge; il a une façon hautaine et impérieuse d'avoir raison qui étonne et qui trouble. Il ne discute pas, il affirme; c'est un arrêt qui tombe de ses lèvres. Les jurés hésitent-ils à le recueillir, il eur dira : « Jugez, comme vous voulez; quant à moi, je m'en vais, sachez seulement que cet homme est innocent[1]; » ou bien, défendant Dehors deux fois condamné à la peine capitale et ramené devant la cour d'assises de la Seine, il leur jettera ce défi : « En vain on a choisi pour présider ces débats le magistrat le plus habile et le plus expérimenté; la nullité y est! En vain on a placé près de lui ce greffier si profondément versé dans la connaissance de la procédure criminelle — greffier! votre plume trébuche, la nullité y est! En vain deux fois vous avez frappé cet homme, deux fois la Cour suprême a brisé votre arrêt. Eh quoi! vous ne comprenez pas que la Providence ne veut pas que cette tête tombe[2]! » Aucune parole ne saurait exprimer l'effet que produisait cette irrésistible éloquence. Comment retracer ces scènes terribles dont le souvenir ou plutôt la légende est restée

---

1. Cour d'assises de Rouen. — 2. plaidoyer Dehors. Dehors poursuivi comme incendiaire, condamné à mort par la Cour d'assises d'Évreux et de Rouen, acquitté par le jury de la Seine, 1836.

dans toutes les mémoires? Comment peindre Berryer, au nom d'une vierge flétrie accusant Laroncière et tout à coup suspendant sa menace pour montrer, avec un cri déchirant, le vieux général de Morell, insensible à ses pieds, sans forces et sans pensée? Il fallait l'entendre, il fallait le voir, le visage en feu, les yeux jetant des flammes ou baignés de pleurs, la voix pleine de colère ou entrecoupée par les sanglots! L'auditoire, rempli de pitié ou de terreur, tour à tour avec lui suppliait ou demandait vengeance! On demeure confondu, quand on songe à une telle puissance oratoire et à l'erreur possible des jugements humains. Personne parmi les modernes n'eut à un plus haut degré le don du pathétique et des larmes. Quoi de plus simple, de plus noble, de plus touchant, par exemple, que cette péroraison du plaidoyer Jeufosse :

« En défendant une femme, j'ai dû en affliger une autre ; qu'elle me pardonne : je la plains, cette première victime ; puisse-t-elle ne pas traverser dans son veuvage les tourments, les angoisses amères de cette autre, depuis si longtemps brisée par toutes les douleurs! Mais, que celle-ci est plus à plaindre, et combien je voudrais vous faire comprendre l'immensité de son malheur! Quelle que soit votre déclaration, et il est impossible qu'elle ne la rende pas à la liberté, quelle que soit, dis-je, votre déclaration, son infortune est sans bornes. Que sera la liberté pour elle, quand le scandale de l'audience aura retenti partout, quand les hommes de la presse, venus

de tous les points, vont le répandre dans tous les lieux!
En l'acquittant, vous l'aurez maintenue dans son droit,
ou plutôt, vous vous serez maintenus dans votre droit,
dans le droit de tous, dans le droit sacré, inattaquable du
foyer. Mais, pour elle, que sera son acquittement? Que
deviendra sa fille, en butte aux jugements téméraires, aux
légèretés de la curiosité publique? Ah! si j'ai défendu la
mère avec quelque ardeur, puissé-je en retrouver encore
assez pour faire partager ma conviction profonde de la
pureté de la jeune fille! Je ne puis protester qu'avec le
cœur d'un homme de l'innocence de Blanche de Jeufosse;
j'y crois, à cette innocence, comme j'ai cru au droit de sa
mère de la défendre; pauvre jeune fille, si on ne me
croit pas, vous aussi vous allez être l'objet de soupçons,
d'interprétations malveillantes; vous allez mener une vie à
jamais déplorable, et, dans ce procès, qui compte tant de
victimes, vous serez la plus jeune, la plus malheureuse
victime! »

Si à la barre comme à la tribune, Berryer régnait par
le droit de l'éloquence, dans sa vie judiciaire comme
dans sa vie publique, il donnait l'exemple des plus mâ-
les vertus. Il serait superflu de louer ici sa probité, son
désintéressement ou même sa bienfaisance dont une touchante anecdote a consacré le souvenir[1]. Mais comment

---

1. « Lorsque Dehors fut acquitté par le jury de la Seine, il voulut
prouver sa reconnaissance à celui qui venait de lui sauver la vie. Il ras-
sembla dix billets de mille francs qu'il inséra dans un portefeuille et s'en

ne point parler de son religieux amour pour nos règles
et de son culte pour sa chère profession ? Quelle haute
idée il se faisait du rôle de l'avocat : « Protéger un accusé contre les erreurs et les entraînements de ses juges,
disait-il, déchirer les fausses apparences dont la vérité est
trop souvent voilée, confondre les calomnies privées,
dompter les haines et les violences de l'esprit de parti,
déjouer les rancunes et les iniques préventions du pouvoir, maintenir le bon droit envers et contre tous, n'est-
ce point exercer dans l'État une haute magistrature [1] ? »
S'il comprenait les devoirs que cette magistrature impose,

alla chez M. Berryer. Il avait pris avec lui, pour l'associer à cette dé-
marche, sa fille, une jeune personne de dix-neuf ans. Tous deux vou-
laient se jeter aux genoux de l'avocat.

« Je vous dois tout, lui dit le père, vous êtes notre sauveur, et jamais
ma fille ni moi ne pourrons nous acquitter envers vous. Daignez agréer
ce faible témoignage de notre gratitude éternelle. » En même temps, le
client avait remis le portefeuille à l'avocat. Celui-ci le prit, compta les
billets, puis les remit dans le portefeuille.

« Oui, dit-il à Dehors, il y a bien là dix mille francs. »

Cela dit, il questionna la jeune fille avec bonté. Qu'allait-elle devenir ?
que comptait-elle faire ?

« Mon enfant, lui dit-il tout à coup, il faut vous marier à quelque
honnête jeune homme. Votre père et moi nous n'avons pu vous trouver
que dix mille francs pour votre dot : c'est bien peu ; mais enfin vous
nous excuserez, nous avons fait ce que nous avons pu, les voilà ! » et il
tendit le portefeuille à la jeune fille.

Ici s'engage une lutte de désintéressement. Le père et la jeune fille re-
fusent d'accepter. Alors Berryer use de son autorité : « J'entends être
obéi, dit-il, je vous ordonne d'accepter cet argent : quant à moi, je ne
le reprendrai pas. »

Il fallut se soumettre, en pleurant de reconnaissance et de joie. »

1. *Le Ministère public et le Barreau*, — leurs droits et leurs devoirs. —
Introduction par M. Berryer.

il réclamait aussi les garanties qui en protégent l'exercice. Nul n'a fait respecter avec plus d'énergie la liberté de la défense[1]. Nul n'a repoussé avec plus de fierté cette doctrine nouvelle qui « prétendait imposer aux avocats une attitude de subordination vis-à-vis des organes du ministère public. » — « Entre celui qui accuse et celui qui justifie, disait-il, les droits sont égaux, et, je le sens, la dignité est égale. » Et lorsque, à une époque récente, certains discours et certains arrêts semblèrent « manifester une affligeante altération des sentiments dont les gens du roi étaient autrefois animés à l'égard des avocats, » il protesta contre ces regrettables tendances et revendiqua l'indépendance du Barreau comme une véritable nécessité sociale.

Quelle voix plus autorisée pouvait s'élever en votre nom que celle de l'orateur qui avait jeté sur l'ordre un si vif éclat! Pendant le cours de sa carrière, il n'avait eu de passion que pour la justice et le devoir, et, dédaignant les dignités et les grandeurs qui sollicitent

1. Affaire Dujarier Beauvallon. — Cour d'assises de Rouen. — Le Président veut s'opposer à la lecture d'une pièce.... M. Berryer «.... L'avocat! l'avocat! Son droit serait limité! Mais en quelque endroit qu'il se trouve, en quelques archives qu'il soit caché, s'il croit un document utile à sa défense, il a le droit de l'y aller prendre et de l'apporter à la lumière des débats. Oui, il y a pour le ministère public, oui il y a pour le magistrat des règles déterminées ; mais l'avocat prend les éléments de sa défense partout où il les trouve, dans le débat, hors du débat, dans les archives les plus secrètes, entre les mains de son adversaire, partout. C'est un droit sacré, un droit qui m'appartient, qui touche aux plus hauts intérêts, un droit que je ne laisserai jamais affaiblir entre mes mains. »

l'ambition des hommes, il avait refusé d'abandonner la robe et de sortir de vos rangs. Son abnégation, sa constance dans ses principes, ses prodigieux succès lui avaient acquis une popularité immense et une renommée universelle. De toutes parts, les plus grands honneurs le venaient chercher. Il les recevait avec simplicité et, malgré tant de témoignages d'admiration, semblait douter encore de son génie. C'est ainsi que lorsque l'Académie française l'avait appelé dans son sein, il s'était excusé de ne point justifier son choix, prétendant qu'il ne savait ni lire, ni écrire, sans songer qu'il se donnait à lui-même le plus éclatant démenti [1]. Mais la plus douce récompense de ses travaux et de sa vie, il la trouvait au milieu de ses confrères, pour lesquels il avait toujours montré un si sincère attachement. Il était entouré du respect et de l'affection de tous, et les plus illustres de ses rivaux, par une flatterie délicate, lui donnaient parfois le nom de Roi. Aussi, quand sonna le cinquantième aniversaire du jour où, pour la première fois, Berryer avait revêtu la robe, tous les barreaux de France accoururent à Paris pour déposer sur le front « du glorieux stagiaire de 1811 » cette couronne qu'un demi-siècle de triomphes avait consacrée. Et peu de temps après cette fête sans précédents dans nos annales, le Barreau anglais lui-même invitait Berryer à venir à Londres recevoir ses hommages, et saluait de ses acclama-

1. Berryer, élu le 12 février 1852 en remplacement de M. Alexis de Saint-Priest, prit possession de son fauteuil le 22 février 1855.

tions celui dont lord Palmerston avait dit : « La France doit être fière de l'offrir en spectacle au monde. »

Il semblait que Berryer n'eût plus de lauriers à cueillir; mais s'il avait assez fait pour sa gloire, il ne croyait pas encore avoir assez fait pour son pays. Les liens qui l'attachaient à la vie publique avaient pu être violemment brisés; les intérêts de la France étaient demeurés, néanmoins, l'objet de ses constantes préoccupations. Quelle profonde douleur il éprouvait d'être condamné à l'inaction et au silence! Il employait alors ses loisirs forcés à la méditation et à l'étude, relisant sans cesse Bossuet et les grands écrivains du XVIIe siècle; ou bien, quittant Paris, il allait à Augerville, comme Cicéron à Tusculum, « chercher dans le commerce paisible des choses et de la nature l'oubli des maux de sa patrie. » C'était dans cette magnifique résidence, embellie par ses soins, que s'étaient écoulées les plus heureuses années de sa vie. Il y retrouvait avec joie ses souvenirs et voulait, entouré d'un cercle d'amis, y passer ses derniers jours dans le recueillement et la paix. Mais le temps n'était point venu, pour lui, de « se retirer des nobles combats [1]. » Alors même qu'il

---

1. « Pour moi, bientôt vaincu par l'âge, il s'en va temps que je me retire des nobles combats, et que, disant comme Entelle : *artem cæstusque repono*, je dépose mon chaperon sur des épaules valides, aptes à soutenir le poids des labeurs et les fatigues de la lutte. »

songeait au repos, un attrait invincible le ramenait dans l'arène. Au milieu d'alternatives de doute et d'inquiétude, sa foi dans l'avenir résistait à toutes les épreuves. Il espérait que cette nation, qui avait pendant tant de siècles marché à la tête de la civilisation, et donné la liberté au monde, ne subirait pas, avec une éternelle résignation, le joug qui pesait si lourdement sur elle. Et cependant l'aurore de jours meilleurs eût peut-être longtemps encore tardé à se lever si de généreux efforts n'avaient tiré la France de l'indifférence dans laquelle elle était endormie.

Un spectacle nouveau vint, en effet, frapper nos regards. Dans une Assemblée jusqu'alors muette, les Cinq poursuivaient, au travers de toutes les amertumes et de tous les obstacles, cette lutte héroïque et féconde dont nous recueillons les fruits. Ils réclamaient pour le pays, devenu le jouet d'une volonté solitaire et capricieuse, le droit de se gouverner lui-même et de régler ses destinées. Mais s'ils étaient accueillis par les dédains d'une majorité intolérante, leur langage fier, élevé, trouvait un écho dans nos cœurs. On renaissait à l'espoir, à la confiance. De toutes parts se levaient de jeunes générations pressées d'agir et enflammées de l'amour de l'indépendance. Le pouvoir, inquiet, essaya d'arrêter, à sa naissance, un mouvement qui menaçait de s'étendre. Il redoubla de rigueur, et les audacieux qui bravaient sa colère expièrent bientôt, sur le banc des criminels, leur noble témérité. C'est alors que commencèrent pour le barreau de nouveaux devoirs auxquels il ne faillit point. Parmi les plus vénérés de nos maîtres qui se consacrent sans relâche à la défense des victimes de l'arbitraire, distinguez Berryer!... Il est animé d'une infatigable ardeur. Rien ne l'arrête : ni l'inutilité de ses efforts, ni les entraves qui asservissent la parole. Aujourd'hui, au nom des ouvriers typographes, il revendique le droit de coalition ; demain, dans l'étrange procès des Treize, il revendique le droit d'association ; chaque jour, au nom des écrivains si sévèrement frappés, il défend la liberté de la presse. L'histoire de notre ordre n'offre point un plus grand exemple de patriotisme et de dévouement.

Ce patriotisme et ce dévouement devaient recevoir leur récompense. A la voix de ses orateurs, la France se réveillait peu à peu ; elle comprenait les funestes conséquences de son abdication et manifestait déjà sa volonté. Aux élections de 1863, la ville de Marseille sollicita l'honneur d'être représentée par Berryer, et l'on vit reparaître sur la scène politique ce glorieux vétéran des assemblées délibérantes. Il prit place au milieu de cette opposition qui fut la véritable protectrice de nos intérêts et dont les sages conseils, s'ils avaient été suivis, eussent épargné au gouvernement de douloureux mécomptes et au pays de tristes humiliations. Pendant six années, elle sut combattre avec discipline et, faisant taire les dissentiments et les rivalités qui la pouvaient diviser, poursuivit vaillamment ce but essentiellement

démocratique : la suppression de la dictature et le développement de toutes les libertés publiques. Berryer lui
fut d'un utile secours. Sa science, son habileté, son libé-
ralisme, à la fois prudent et hardi, ·lui assurèrent, dans
les délibérations communes, une salutaire influence. Mais,
malgré le prestige de son éloquence, il fut sans autorité
dans le parlement. C'est en vain que, surveillant avec un
soin scrupuleux la gestion de la fortune publique, il si-
gnala l'énorme accroissement des dépenses, ou que, con-
damnant l'expédition du Mexique, il s'éleva contre les
folles entreprises qui compromettaient l'honneur national, il ne réussit ni à éclairer ni à convaincre une Chambre aveuglée. Il ne put d'ailleurs prendre longtemps
une part active aux travaux législatifs. Ses forces commençaient à le trahir, et le mal qui devait l'emporter lui
faisait déjà sentir ses premières atteintes. Assidu aux
séances, il portait rarement la parole ; mais lorsqu'il en-
tendait développer quelque insolente théorie, il se levait
« comme arraché de son banc par un élan de justice et
de vérité. » A ce geste menaçant, à cette exclamation
foudroyante, on reconnaissait encore le Tribun.

Pendant la session de 1868, il retrouva cependant
toute son énergie et prononça en faveur de l'indépendance de la magistrature que la sollicitude équi-
voque du pouvoir mettait en péril un beau discours
qui eut un légitime retentissement. Quelques jours plus
tard il se présentait à la barre et trouvait pour flétrir
ces négociants français qui avaient, au mépris des traités,

fourni des armes aux États du Sud pendant la guerre de
la sécession américaine, des accents de la plus haute éloquence. Nous admirions tous cette parole pleine de véhémence et d'ardeur et nous voulions croire que la nature accorderait de longues années encore à l'orateur
qui portait avec tant d'aisance le poids de sa verte vieillesse.

Mais le mal dont il était atteint fit tout à coup de
rapides progrès et, au commencement du mois de novembre, les crises devinrent si alarmantes qu'il fut impossible de conserver quelque espoir. Au milieu de
cruelles souffrances qu'il supportait avec une héroïque
fermeté, Berryer comprit que le terme de sa vie était
proche. Il en arracha l'aveu de son médecin. « Je ne
me trompe pas sur votre réponse, lui dit-il, je vous en
remercie, que la volonté de Dieu soit faite ! » Et alors,
sans défaillances et sans regrets, avant de s'armer pour
la dernière lutte, il brisa lui-même les liens qui le ratta-
chaient au monde. Fidèle jusqu'au bout à ses convictions et à ses croyances, il voulut, en face de la mort,
les affirmer encore une fois. Il souscrivit au monument
expiatoire élevé à un défenseur du droit, pour renouveler et maintenir sa protestation contre la légalité violée,
et tournant ensuite ses regards vers l'exil il adressa à
son roi dans une lettre justement admirée un suprême
et touchant adieu.

Il avait trop aimé le Barreau pour ne pas reporter
vers lui avec attendrissement ses dernières pensées :

« Mon cher ami, dit-il à son digne ami, M. Marie, qu'il fit appeler à son chevet, soyez, je vous en prie, mon organe auprès de notre Barreau, auprès de nos confrères. Je les ai bien aimés, ils m'ont aussi bien aimé ; c'est une grande joie pour moi que ce souvenir ; embrassez-les pour moi, mon ami, je leur ai été fidèle, et ce sera mon dernier bonheur de mourir le doyen de notre ordre ! Ah ! mon ami, ce grand Barreau, qu'il reste toujours, comme il l'a été, ferme dans sa foi, dans son amour pour le droit ; car là est sa puissance, sa grandeur, sa force.... A tous mes derniers adieux. »

Puis après avoir rempli ses devoirs envers le monde, il désira mourir « chez lui », et, recueillant ce qui lui restait de forces, il partit pour Augerville. A peine eut-il touché ce sol qui lui était si cher que déjà commençait l'agonie. Elle dura dix jours entiers. Devant l'Éternité qui s'approchait il montra le calme du sage et la pieuse résignation du chrétien, et ses lèvres, au moment de se fermer, murmuraient encore les noms du prince qu'il avait servi, de la France qu'il avait aimée. Sa vie s'éteignit lentement sans que défaillît son courage, et le 29 novembre, il expira, à quatre heures du matin.

A cette fatale nouvelle, la France prit le deuil. Qui de nous n'a conservé le souvenir de la douleur publique dont la presse tout entière se fit l'écho, et de cette solennité qui, quelques jours plus tard, réunissait dans une petite église de hameau, une foule immense accourue de tout les points de l'Europe ? Les membres les

plus illustres de l'Institut et des Assemblées, des Barreaux d'Angleterre et de Belgique, le Barreau de
France, les Représentants des rois, les Délégués des
corporations ouvrières; tous ceux que Berryer avait
aimés, honorés, défendus, apportaient à ce modeste
tombeau, qui gardera sa dépouille, le dernier hommage
de leur admiration ou de leur reconnaissance.

Quoi de plus imposant que ce spectacle! Quoi de
plus légitime, ajouterai-je, que ces unanimes regrets!
Ils s'adressaient à l'orateur qui ne se servit de la parole
que « pour la vérité et la vertu, » au citoyen qui tra-
vailla avec persévérance à fonder, parmi nous, un gouvernement libre, à l'homme qui couronna par une mort
sublime une vie irréprochable.

Messieurs, la postérité ne connaîtra point tout entier
l'orateur illustre dont je viens de vous entretenir. En
lisant ses discours, elle n'aura qu'une imparfaite idée
de cette mâle et vigoureuse éloquence qui rappelait
l'irrésistible dialectique de Démosthènes et la véhémence de Mirabeau. Peut-être même doit-on dire de
Berryer ce que Tacite disait d'un sénateur célèbre sous
Auguste : *Haterii canorum illud et profluens cum ipso
simul extinctum est* [1]. Mais il en est des grands orateurs comme des grands généraux : le souvenir de leurs

---

1. Macaulay, dans ses *Essais*, applique ces paroles à Pitt.

triomphes suffit pour justifier et entretenir notre enthousiasme.

Et quels triomphes sauveront de l'oubli le nom de ce «prince de la parole, » dont les plus puissants d'entre les hommes, ceux que la fortune des empires fit tour à tour souverains ou prétendants ont sollicité le patronage et recherché l'alliance, qui a courbé sous sa majestueuse éloquence et les juges politiques et les assemblées hostiles, et qui, pendant plus d'un demi-siècle, a retenu la France si inconstante et si mobile suspendue à ses lèvres!

Il a par son génie forcé l'admiration de ses adversaires eux-mêmes, il a par la noblesse de son caractère mérité l'estime et la vénération publiques. S'élevant au-dessus des calculs intéressés et des ambitions vulgaires, il n'est jamais descendu à ces abaissements que souvent exige le succès. Nos révolutions successives ne l'ont pas fait changer de principes. Il a été le plus ferme appui d'un parti, mais il a été, avant tout, le défenseur infatigable du droit et de la justice. Il a su unir le respect de la tradition à l'amour du progrès, honorer le passé et préparer l'avenir. Sans un seul jour de faiblesse ou de découragement il a servi la cause de la liberté. Par la fierté et la générosité de son âme comme par l'éclat de son talent, il a été la plus haute dignité morale et restera la gloire la plus pure de son temps.

Et quant au barreau qui, dans ce siècle, a acquis une

si légitime influence, qui a été le protecteur de tous les accusés et de tous les vaincus, qui s'est illustré par tous les dévouements et tous les courages, le nom de Berryer rappellera l'époque la plus brillante de son histoire.

11.192 — IMPRIMERIE GÉNÉRALE DE CH. LAHURE
Rue de Fleurus, 9, à Paris

BIBLIOTHEQUE NATIONALE DE FRANCE
3 7502 010002079 2